THE ECONOMICS OF COOPERATIVE TEAM

A LITERATURE REVIEW

合作团队的经济学

一个文献综述

第2版

张 军 ◎ 著

上海财经大学出版社

图书在版编目(CIP)数据

合作团队的经济学:一个文献综述/张军著. —2版. —上海:上海财经大学出版社,2021.12

ISBN 978-7-5642-3901-5/F·3901

Ⅰ.①合… Ⅱ.①张… Ⅲ.①经济合作-研究 Ⅳ.①F114.4

中国版本图书馆 CIP 数据核字(2021)第 219056 号

□ 责任编辑 王永长
□ 书籍设计 贺加贝

合作团队的经济学
——一个文献综述
(第二版)
张 军 著

上海财经大学出版社出版发行
(上海市中山北一路 369 号 邮编 200083)
网 址:http://www.sufep.com
电子邮箱:webmaster@sufep.com
全国新华书店经销
上海颛辉印刷厂有限公司印刷装订
2021 年 12 月第 2 版 2021 年 12 月第 1 次印刷

890mm×1240mm 1/32 6.5 印张(插页:2) 119 千字
定价:65.00 元

目　录

鸣　谢

本书在准备资料与写作过程中，得到了复旦大学与香港大学“沪港管理教育与研究中心”和上海财经大学出版社的资助，特此致谢！也感谢施少华对起草本书第1章所做的贡献。

总　序

当今时代，我国经济改革的深入，世界经济风云的变幻，不断涌现出各种新问题、新矛盾，促使经济理论界的学者同仁们去思考、去探索。经济实践是经济理论发展的生命之源。由于实践是一个历史的过程，旧的问题解决了，新的问题又会出现，如此推衍，没有止境。依此而论，理论的发展也是一个不断积累和延续的过程，既积淀着解决旧问题的理论成果，更延展着处置新问题的理论研究。理论的发展反映了实践的发展，因此，掌握了理论的前沿，也就把握了时代的脉博。鉴于此，上海财经大学出版社出版《当代经济学前沿研究丛书》（以下简称《丛书》），正是适应了广大经济理论工作者和实际工作者企盼了解和掌握经济学前沿知识的迫切要求。

所谓当代经济学前沿，包含着世界各国尤其是西方发达国家在经济理论方面所创造的一切最新成就。这些成就作为人类社会的共同财富，同样也为我国的社会主义现代化建设提供了值得借鉴的理论滋养。一百年前的世纪之交，梁启超在其《史记货殖列传今义》一文(1897年)中,曾率先尝试运用西方经济学观点,来诠释中国古代的经济文献。稍后,他通过撰写《生计学学说沿革小史》(1902年)即国人编撰的最早一部西方经济学说史著作,又曾设想撰写一部《中国生计学史》,“采集前哲所论以与泰西学说相比较”,以示中国古代经济思想之“壮观”(梁启超:《论中国学术思想变迁之大势》,1902年)。这些尝试连同严复在1897—1900年译成、于1902年出版的亚当·斯密的《原富》一书,揭开了我国先驱学者从西方经济学说中去汲取理论滋养的序幕。不过,上个世纪之交,正值中国处于遭受外国列强肆意蹂躏的屈辱时代,国内学者向西方学习,是为了寻求救国救民的道理,从中找回自己的民族自尊与自信。而一百年后的今天,我国不仅摆脱了旧日的屈辱,独立自主地屹立在世界的东方,而且经历了改革开放后二十年的伟大实践,取得了举世瞩目的光辉业绩。现在,面临着新的世纪之交乃至千年更替,我们提出要努力学习人类社会创造的一切知识,注重学习各种反映当代世界新发展的新知识、特别是现代经济知识,为我所用,正显示出处在伟大复兴过程中的中华民族的博大胸怀和远见卓识。这也是历史反复证明了的通向科学进步和学术繁荣的成功之路。此时此刻,《丛书》的出版,真可谓应运而生。

《丛书》先行向读者展示的,是当代微观经济学部分的前沿研究成果。它试图在以下几个方面体现其特色:一是战后半个世纪以来,当代经济学尤其是现代金融理论有了很大的发展、深化和创新。新涌现的各种经济理论从不同侧面、不同层面日益深入地反映和总结社会化、国际化生产和现代市场经济运行中出现的新情况、新问题、新经验，揭示其规律性，成为各门现代经济知识，包括现代金融和现代管理知识最新发展的理论基础。对于这些新的研究成果，《丛书》理应有所体现。二是《丛书》体现了理论联系实际的要求，注重洋为中用，在阐发当代经济学前沿研究成果的同时，努力结合中国实际，并对其在中国的运用加以评介和引导。三是鉴于改革开放二十年来，有关当代经济学基础知识的学习、介绍与研究已经相当广泛和普及，《丛书》拟选择和围绕当代经济学前沿研究中的尖端问题，以专门著作的形式，力图进行全面系统而又深入细致的论述，以期推动我国学习和研究当代经济学的水平，在现有基础上再向一个新的高度攀登。这也体现了《丛书》的总体要求。

这套《丛书》由清华大学平新乔博士提出全套选题设计，参加《丛书》写作的，则大多是在经济学领域潜心做学问或者已经卓有成就的一批年轻学者。他们在国外或国内经过较长期的系统理论训练和深造，功底扎实，治学严谨，思维敏捷，又都有较好的写作经验，这是《丛书》得以较圆满地实现其预期要求的根本保证。特别值得一提的是，他们都有一颗报效祖国的赤诚之心，共同的心愿使他们走到一起，为《丛书》甘坐冷板凳，从浩如烟海的第一手文献资料中披沙淘金。《丛书》的每一点成绩，都是他们辛勤劳动的凝结。可以相信，这套《丛书》的陆续面世，将会以它那浓重而纯正的前沿研究色彩、丰富而充实的经典文献资料、流畅而准确的语言表达、深刻而严密的逻辑内涵，以及清晰而敏锐的理论前瞻，引起同行的关注和读者的兴趣。

为了弘扬《丛书》所体现的壮志和作者们的敬业精神，特作此序以赞之。

谈 敏

1999年2月

再版前言

本书第一版是1999年6月由上海财经大学出版社出版的，已经过去22年了。22年前，这本书被列入上海财经大学出版社的“当代经济学前沿研究丛书”。该系列由当时上海财经大学出版社总编辑、上海财经大学经济系系主任裘逸娟教授担任主编。谈敏校长还为该系列撰写了总序。列入系列的所有作品，都是出版社邀请同行经过多次开会讨论确定的。系列书的作者也都是在上海的我的同行或同事。时间如梭，现在那批作者的平均年龄也接近花甲，裘逸娟教授已过90高寿了。

从内容上看，本书是在研究文献的基础上对团队(team)进行的经济学分析，也算是围绕着一个核心主题对我所阅读的相关经济学研究文献进行的综述。我回忆，那时候能写出这本书，是因为我对博弈论在合作行为或团队中的应用非常感兴趣。合作型组织或团队(team)，是经济生活中常见的经济组织形式。它要求很多人联合起来，共同工作，以发挥更高的生产效率。从这个意义上说，不仅合作社、工作组、生产队、社团属于这种类型，更为广泛的企业在组织上当然也属于团队组织，只是区别在于内部治理结构不同。典型的团队或合作社，内部权利是平等分配的，而不是置于纵向的等级结构的框架中。

合作社或团队生产之所以引人注目，是因为在执行某些目标方面，它的效率可以更高，而且更符合平等和正义的价值观。但是，凡为团队型的组织，必然面临一个内在的问题，也就是"搭便车"问题。经济学家张五常在自己早期的论文中把这个问题叫作"卸责"，这显然是英文 shirking（偷懒）的谐音。除非是计件工作，否则的话，一旦大家共同合作完成一个任务，那么，其中任何人在偷懒，别人也未必能发现。可以说，个人偷懒无法被发现是合作团队面临的一个最基本的问题，但这个问题是会导致效率恶化的严重问题。因此，经济学家对如何解决这个问题产生了极大的兴趣。

1972 年，经济学家 Alchian 和 Demsets 在 *American Economic Review* 上发表了题为"生产、信息成本与经济组织"的论文，在生产组织内用信息成本讨论了这个更为一般的偷懒与监督的问题，让后来的经济学家脑洞大开。这篇论文也成为该杂志创刊以来极受欢迎的论文之一。他们对偷懒问题的处理很简单，那就是层层引进监督。但问题是：最后"谁来监督监督者"？正是这个问题在逻辑上巧妙地引出了他们的结论，那个最后的监督者需要"自我监督"。这意味着最后的监督者要成为这个生产组织的所有者或老板才行。所以，他们的理论给出了关于为什么会有企业这种类型的治理结构的理由，并提供了最简单的经济学解释。

但即便这样,不采用企业雇佣合约的组织类型依然到处可见。在农业生产方面,作为生产组织方式,介于大农场与家庭农户之间的合作社在世界很多地方都有存在,著名的包括西班牙蒙德拉贡省的生产合作社和以色列的集体农庄基布兹。苏联和中国在计划经济时期也都尝试建立了集体化的农业生产组织。在中国我们称之为生产队(大队、小队)以及以生产队为基础的更高级的合作组织,也就是人民公社。这些合作社的一个共同特征是,它们不需要第三方监督,其效率主要依靠社员的自我监督和相互监督来阻止内部可能盛行的"搭便车"行为。中国的农业集体化运动在初期处于以自愿组建初级社为目标的阶段,确实发挥了合作社在生产效率和集体主义激励上的优势。但是,到了后期,由于政治上过分追求更大规模的高级社形态,社员自愿入社的原则被运动式入社替代之后,合作社就再没有能够克服内部的偷懒、磨洋工和"搭便车"问题。这后来导致了农业更大的危机,甚至酿成饥荒。

除了组织的规模是一个重要的制约因素之外,如何能够在一个更大的合作社或合作团队中解决有效激励和偷懒问题?这后来成为博弈论在组织经济学中的一个非常重要的应用,并逐步形成了一组可称为非合作博弈理论的文献。我在 20 世纪 90 年代一度热衷于对这一文献的钻研,对博弈论在组织效率方面的研究进展保持着极大的兴趣,对于诸如重复博弈、子博弈完美均衡、报复均衡、再谈判均衡、退出权等博弈论在处理合作效率方面取得的这些重要成果抱有很大的希望。

也就是在那个时候，估计是在20世纪90年代中后期，我看到了林毅夫教授在芝加哥大学的*Journal of Political Economy*发表的一篇用博弈论解释中国农业集体化危机的论文。这篇论文虽然没有使用博弈论的处理方法，但使用了博弈论中一个重复博弈的思想，行文很精练。我记得当时自己对这篇论文持有一些疑问，于是在时任《经济学消息报》主编高小勇的陪同下，去北京拜访了毅夫。我们在毅夫家的前厅就这篇论文进行了讨论。讨论的具体细节我今天已经忘记了，但我记得毅夫讲了这么一句话，说自己的理论是解释中国农业集体化危机的所有文献中唯一一篇与中国农业全要素生产率在1958—1961年突然恶化的现象相符合的。当然还有一个细节我没有忘记，因接近中午，毅夫邀请我和高小勇在家里吃午饭，我们各自吃了一碗面条，而且我们还共享了一盘凉拌萝卜丝。2020年底，我出席在深圳的北大汇丰商学院举行的中国经济奖颁奖典礼，在为林毅夫教授获奖发表同行贺词中，我还特别提到了这个细节。

跟毅夫讨论完之后，高小勇希望我能就这个话题为《经济学消息报》撰写一篇文章。于是我就写出了《关于中国农业集体化和农业危机的解释及其争论》一文，不久刊发在《经济学消息报》上。再后来，当上海财经大学出版社策划那套系列丛书的时候，我就想到应该在这个主题下基于我熟悉的文献，以中国农业集体化运动及其失败的理论讨论为核心，扩充成一本书。于是就有了这本《合作团队的经济学：一个文献综述》。

这本书的体量不大，结构很简单，应该易于阅读。在第 1 章，我先介绍了博弈论的基础概念和重复博弈的一些重要均衡命题与理论，这样方便读者对博弈论的语言、工具和分析问题的基本逻辑有一个初步的了解与思想准备。然后，在第 2 章，我专门介绍了博弈论中关于所谓“可自我执行的协议”（self-enforcing agreement）的理论初步和简单运用。在第 3 章和第 4 章，更大的篇幅用于介绍和讨论关于团队生产（team production）的有关理论问题。其中，第 3 章主要介绍团队生产和经济组织演进的理论，尤其是前面提到的 Alchian 和 Demsets 的开创性工作，第 4 章重点介绍博弈论在生产合作社中的应用。第 5 章讨论了合作博弈中的承诺或威胁的可信性（creditability）在合作团队实现完美均衡的关键角色，这是一个非常重要的问题。第 6 章集中介绍了中国 20 世纪 50 年代的那场农业集体化/合作化运动以及经济学家对 1959—1961 年那场集体化危机的传统解释，也介绍了林毅夫在发表的那篇论文中给出的博弈论假说。最后一章，即第 7 章，介绍了非合作博弈论中关于退出、退出权问题在保障合作效率均衡中的意义以及围绕林毅夫的假设所引发的一些争议。作为结尾，我简单讨论了关于合作组织的博弈理论的发展方向和可能面临的挑战。

今天看来，对于经济发展和组织演化这个重要话题，有关合作团队的经济研究文献依然十分重要，也会继续吸引中国年轻一代的经济学人的注意力和研究投入。上海财经大学出版社在时隔 22 年后决定重版这本小书，无疑是有眼光的。这是对经济学学术研究的一个默默地支持。我无比欣慰,特写下这些文字,对于首版这本书的来龙去脉做个交代。要特别感谢上海财经大学出版社总经理助理、编审王永长先生的鼎力支持。

文责自负。

张　军

2021 年 8 月 9 日于沪上

前　言

在现代经济学文献中，有关合作经济组织和效率的研究一直是主流经济学家最有兴趣的主题之一。在20世纪80年代之前，这方面的代表性文献(按时间顺序)包括沃德(Ward，1958)，多马(Domar，1966)，森(Sen，1966)，奥伊和克莱顿(Oi and Clayton，1968)，布拉德雷(Bradley，1971)，莫里斯和弗古森(Maurice and Ferguson，1972)，米德(Meade，1972)，阿尔奇安和德姆塞茨(Alchain and Demsetz，1972)，卡麦隆(Cameron，1973)，波恩(Bonin，1977)，秦(Chinn，1979)，伊斯拉尔森(Israelsen，1980)，波特曼(Putterman，1980)等人的著述。早期的这些文献主要研究一个合作组织的资源配置效率和激励问题，所使用的方法多为新古典主义的。无论是沃德还是森，或者是伊斯拉尔森，他们都是利用新古典的经济学方法来定义合作组织的性质、收入分配的规则，并运用边际主义的方法来探讨合作组织的资源配置(主要是劳动配置)的效率问题。

然而，所有这些研究，无论其讨论的出发点或讨论的方式有什么不同，都试图说明一个问题，至少从长期来说，资源的配置在合作组织那里是可以实现其静态效率的。从理论上来说，在合作组织里，对成员的劳动激励可能会大于市场雇佣条件下的水平。然而，阿尔奇安和德姆塞茨（Alchain and Demsetz，1972）的研究发现，对于一个合作团队而言，实现上述激励水平和生产效率的条件常常并不容易满足，因为对劳动的衡量是不完全的。于是，阿尔奇安和德姆塞茨发展了关于经济组织变迁的理论。这一理论对于我们理解经济组织的进化、结构的变迁乃至企业内部的治理结构的演化都是十分重要的。

不过，从经验上来说，确实也存在过一些成功的合作组织，如以色列的集体农庄、西班牙的蒙德拉贡生产合作社、美国的普利坞合作社和中国 20 世纪 50 年代初期的农业化合作社。这至少说明，在某些条件下合作社是可能成功的。那么，保证合作组织效率的条件是什么呢？这是 20 世纪 80 年代以来有关合作经济的博弈理论研究的问题。进入 20 世纪 80 年代，随着博弈论，特别是重复博弈理论在经济学许多方面的广泛应用，合作组织理论的研究也随着博弈论的运用而出现新的发展趋势。非合作博弈理论在很大程度上为经济学家研究合作生产和合作组织的效率提供了广阔的前景。在这一时期，一批以博弈论为背景的经济学家开始将许多过去发展出来的思想和理论假说进一步形式化和精确化，特别是创建了所谓的“可自我执行的协议”（self-enforcing agreement）的博弈理论，这一理论成为研究合作组织均衡的重要手段，也是本书重点介绍的内容。就笔者收集的文献而言，有许多关于合作经济组织的博弈理论的重要研究成果在此阶段形成。这些经典文献的作者有：泰尔瑟(Telser，1980)，霍尔穆斯托姆(Holmstrom，1982)，克瑞普斯、米尔格罗姆和威尔逊(Kreps，Milgrom and Wilson，1982)，麦克洛伊德(Macleod，1984，1987，1988)，卡米歇尔(Carmichael，1989)，富顿伯格和铁罗尔(Fudenberg and Tirole，1991)，加特曼(Guttman，1991，1992)，伯金和麦克洛伊德(Bergin and Macleod，1993)，等等。

1990 年，林毅夫(Lin，1990)教授在美国《政治经济学杂志》发表了题为《集体化与中国 1959—1961 年的农业危机》的论文，运用博弈论的逻辑和“可自我执行的协议”理论对中国 20 世纪 50 年代末期中国农业合作化运动的失败给出了一个假设。根据这一假设，林认为，当“第三方”难以有效监督社员劳动时，如果参与合作的各方都做出努力工作的承诺并“可自我执行”协议隐含的合约，则合作的均衡仍可以维持下去。但“自我执行”的合约被合约各方都能遵守的一个必要条件是在出现有人违约时，遵守合约者有权终止合约。然而，一旦社员被剥夺退社权(林认为正如中国 1958 年所发生的那样)，那么上述一个“可自我执行”协议就无法维持，农业合作社的生产效率就会下降。尽管林的这个假说并没有以博弈理论的形式精确地表述出来，但却对合作的博弈理论提出了一个新的论点，而且乍看上去，这一论点与麦克洛伊德(Macleod，1988)早期发展起来的合作效率理论相悖。按照后者，一个合约均衡的维持需要对合作参与方的退社行为施加约束。

1992—1993 年，美国《比较经济学》杂志社组织了 6 篇论文，围绕林的假说进行了一次专题讨论。这次讨论可以被视为有关合作博弈理论发展过程中的一个重要阶段，也是一次有重要意义的关于“可自我执行的协议”理论的回顾与总结。

本书旨在围绕合作经济组织的效率，对有关可自我执行的协议的博弈论的文献做一综述。由于笔者的知识局限和资料的缺乏，本书将主要介绍在这一理论方面笔者认为有重要价值的理论文献。这样做也许过于武断，并可能挂一漏万，致使其他经济学家的有些研究成果无法反映在这本综述里，但本书的目的并不是提供一个文献的全面索引，而是力求把文献以我所理解的方式组织起来，并且尽可能使这些有限的文献组合在一起，给本书的题目做个注释。因此，本书如果能让读者对合作经济理论产生兴趣并能引导有兴趣的读者追踪一些他或她认为更重要的文献，从中拓宽理论视野，那么本书的目的就基本达到了。

为了突出合作博弈理论的发展主线，或者说为了尽量从博弈论的视野来评述合作经济组织的理论文献，本书在结构上以“可自我执行的协议”的概念和博弈理论为中心进行安排。我们刚才说过，“可自我执行的协议”是 20 世纪 80 年代以来在合作经济理论方面最重要的概念和理论发展之一。在重复博弈理论那里，这个概念得到了很好的定义和研究，它成为我们理解合作行为和合作组织效率的关键概念。在本书的第 1 章，我们将首先介绍博弈论的基础概念和重复博弈的一些重要均衡命题与理论，为的是让读者对博弈论的语言、工具和分析问题的方法有一个初步的了解与准备。当然，对于已经掌握了博弈论知识的读者来讲，阅读这一章不是一件困难的事，但仍是有益的。第 2 章专门介绍“可自我执行协议”的定义与初步的理论运用。在第3章和第4章,我们将以较大的篇幅介绍团队生产的有关理论。第3章主要介绍团队生产和经济组织变迁理论,而第4章则侧重于介绍关于合作社的博弈理论,在那里我们除了讨论合作社的生产模型之外,还将专门介绍麦克洛伊德的博弈论模型。这个模型发展了自森(Sen,1966)以来,特别是霍尔穆斯托姆(Holmstrom,1982)以来在合作经济理论方面的理论,严格地给出了一个合作效率的条件。然后在第5章,我们要讨论合作博弈中的“可信性”问题。第6章我们要介绍中国20世纪50年代的合作化运动以及1959—1961年农业危机的传统解释和林毅夫的博弈论假说。最后,在第7章中我们将集中分析和讨论林(Lin,1990)与麦克洛伊德(Macleod,1988)所给出的合作效率均衡的不同条件,并结合其他学者对中国1959—1961年农业危机的不同解释,较全面地介绍和探讨合作经济的博弈理论在当前的发展状况和面临的新的挑战。

从本质上讲,本书不过是一篇较长的综述性文章。它对近20年来经济学在合作生产和合作经济组织方面的一部分研究成果作了归纳和总结,现在以书的形式付梓出版,主要归功于上海财经大学出版社的鼓励与“逼迫”。两年前,上海财经大学的谈敏校长与裘逸娟教授与我联系,希望能在他们正在策划中的一套旨在介绍当代微观经济学前沿研究发展状况的系列著作中选择一个题目。我幸运地找到了一个比较关心的题目,这就是合作经济组织理论。这个题目是我1993年以后关注的问题之一。早在英国萨塞克斯大学就读期间,我就对这一问题感兴趣,并收集了不少经典的论文，回国后还专门写过一些介绍性的文章。在这种背景下，我答应承担这一题目的写作工作。但后来因其他工作缠身，写作工作一时难以开始，直至 1998 年夏天才真正进入本书的综合研究与写作工作。在半年的时间里，虽然试图加快进度，但力不从心，写作计划始终被社会活动和出访活动所打乱。在这种艰难的情况下，经过自我挣扎，我最终战胜了自己，终于能够在今年初拿出初稿，让朋友评阅。虽然现在要出书了，但能否经得起读者的“审判”，我仍没有把握。

不管怎么说，本书在写作过程中，得到了许多朋友的支持和帮助，没有这些支持，我不一定能在这个时候完成本书的初稿。我无法一一列出他们的姓名，但我尤其要感谢上海财经大学谈敏校长和出版社对本书的支持（包括物质上的）和关心；感谢平新乔博士、谢识予博士、陈学彬博士等人对本书写作提纲所做的评论和修改意见；感谢求学于英国的罗德民先生，在我为了寻求一篇论文而走投无路时，他在英国给我迅速传来了该论文的复印件；也感谢英国皇家国际事务研究所的华大伟教授，他在文献方面也给予了支持。作为研究助理，我的学生施少华起草了本书的第 1 章，在此表示谢意。最后要感谢的是我的妻子王小丽女士和儿子张哲元，她（他）们对我的支持是无限的。

张　军

1999 年 1 月 18 日于上海

1 概念框架与博弈论方法

1.1 引 言

传统微观经济学的一个最基本的假设是完全竞争市场假说，对于市场上任何单独的买者或卖者而言，价格是给定的，个人不能够影响市场价格，而且每个买者或卖者都在给定的市场价格的基础上做出自己的最优决策。既然市场上任何一个单独的行为人都不能影响市场价格，那么他也就不能影响其他行为人的最优决策；也就是说，各个行为人之间的决策是各不相关的。然而，理论总是现实情况的高度抽象和概括，我们实际上无法找到这样一个完全竞争市场的例子。在真实的市场上，某个行为人的决策总会或多或少地影响其他行为人的决策；而反过来，他的决策又往往或多或少地受到其他行为人的决策的制约。因此，当某一行为人做出他的决策时，他一般都会对其他行为人的决策作一估计。决策主体的行为彼此直接发生作用时的决策以及这种决策的均衡问题，就是博弈论所要研究的问题。

博弈论可以分为合作博弈和非合作博弈。划分这两种博弈的标准主要在于当事人之间能否达成一个具有约束力的协议。如果能达成这么一个协议，就是合作博弈；反之，则是非合作博弈。像我们所熟知的卡特尔、托拉斯等垄断组织，就是合作博弈的例子；但卡特尔、托拉斯等现在都已经成了反垄断法所打击的对象，所以现在经济学家研究的博弈论，一般是指非合作博弈。本章主要是对非合作博弈的基本内容和方法作一简单的介绍，为本书的以后部分提供一个概念基础。正如梯若尔(Tirole)所说："正如理性预期使宏观经济学发生革命一样，博弈论广泛而深远地改变了经济学家的思维方式。"因此，对今天学习和研究经济学的人来说，了解和掌握博弈论知识是非常必要的。

1.2 博弈论的基本知识

在这一节我们将介绍一下博弈论的基本概念和博弈的描述方式。让我们先从一个例子开始。图 1—1 所示的博弈是博弈论中极为著名的例子之一："囚徒困境"博弈。这个博弈说的是，警方逮捕了两名嫌疑犯，但警方缺乏足够的证据指控他们，因此，警方需要他们相互告发对方。两个嫌疑犯被分别关在不同的房间以阻止他们之间通风报信。警方告诉他们，如果一人坦白、一人抵赖，则抵赖的人将被判刑 5 年，而坦白的人不但将被释放，还能获得奖赏；如果两个人都坦白，那么他们都能获得减刑 2 年的奖励，只判 3 年的刑期；当然，如果两个都拒不坦白，警方也就只好把他们给放了。各位读者可以先试着分析一下，他们究竟是会选择“坦白”呢，还是选择“抵赖”。

		囚徒 B 坦白	囚徒 B 抵赖
囚徒 A	坦白	−3，−3	2，−5
	抵赖	−5，2	0，0

图 1—1 “囚徒困境”博弈

博弈论的基本概念

博弈论的基本概念有博弈的参与人、行动、信息、策略、支付、结果和均衡。其中，参与人、策略和支付是描述一个博弈所需要的最少的元素。参与人、行动和结果又统称为“博弈规则”，博弈分析的目的是通过使用博弈规则预测博弈的均衡。

参与人 参与人是指在一个博弈中的决策主体，他的目标函数是通过选择行动或策略最大化自己的支付水平。博弈的参与人可以是自然人,也可以是法人,甚至可以是国家或国家集团。在“囚徒困境”博弈中,有两个参与人:囚徒 A 和囚徒 B;在“冷战”博弈中,也有两个参与人:北约和华约。除了一般意义上的参与人之外,在博弈论中还有一个特殊的“虚拟参与人”:“自然”。“自然”是指决定外生的随机变量的概率分布的机制。在上述“囚徒困境”博弈中,没有外生的随机变量,因此不需要考虑这一点。但如果警方告诉他们,存在两类法官,一类按上述规则办案,另一类喜欢“从严”惩罚罪犯,由哪种类型的法官审理此案是由“自然”随机决定的话,囚徒们选择何种行动就依赖于他们对“自然”选择法官的概率分布的估计。

习惯上,我们一般用 $i=1,\cdots,n$ 代表参与人,N 代表“自然”。

行动　行动是参与人在博弈的某个阶段时的决策变量。一般地,我们用 a_i 表示第 i 个参与人的一个特定行动,$A_i=\{a_i\}$表示可供参与人选择的“行动集合”。在“囚徒困境”博弈中,每个参与人都只有两种行动可供选择,即 $A_i=\{$坦白,抵赖$\}$,$i=$A,B。在 n 人博弈中,n 个参与人的行动的有序向量 $a=(a_1,\cdots,a_n)$称为“行动组合”,其中 a_i 是第 i 个参与人所选择的行动。在“囚徒困境”博弈中,如果囚徒 A 选择“坦白”,囚徒 B 选择“抵赖”,则(坦白,抵赖)就是一个行动组合;该博弈的另外三个行动组合分别是(坦白,坦白),(抵赖,坦白）和（抵赖，抵赖）。

信息 信息是参与人关于博弈的知识，特别是关于“自然”的选择，其他参与人的特征和行动的知识。在博弈论中，常常会提到“完美信息”和“完全信息”这两个概念。所谓“完美信息”，是指一个参与人对其他参与人（包括“自然”）的行动选择有准确的了解；所谓“完全信息”，是指自然不首先行动或自然的初始行动被所有参与人准确观察到的情况，即没有事前的不确定性。显然，完美信息是比完全信息要求更严格的信息。比如，假设在“囚徒困境”博弈中，“自然”在两类法官间随机选择，如果囚徒 A 不知道自然的选择，则他的信息是“不完全”的；如果囚徒 B 知道“自然”的选择，但不知道囚徒 A 的选择，则他的信息是“完全但不完美”的。

在博弈论中，另一个非常重要的信息概念是“共同知识”。所谓“共同知识”，是指“所有参与人都知道，所有参与人都知道所有参与人都知道……”的知识。一般假定参与人的行动集合和支付等都是所有参与人的共同知识。例如，在“囚徒困境”博弈中，每个参与人的行动空间和最后的支付矩阵都是共同知识。

策略 策略是参与人在给定信息集的情况下的行动规则，它规定参与人在什么时候选择什么行动。一般地，我们用 s_i 来表示第 i 个参与人的一个特定策略，$S_i=\{s_i\}$ 表示可供参与人选择的“策略集合”。在 n 人博弈中，n 个参与人的策略所构成的有序向量 $s=(s_1,\cdots,s_n)$ 称为"策略组合"，其中 s_i 是第 i 个参与人所选择的策略。

毛泽东常讲一句话："人不犯我，我不犯人；人若犯我，我必犯人。"这是一个策略。用博弈论的语言来描述是：这是一个双人博弈，有两个参与人——"人"和"我"。"人"先行动，"我"在观察到"人"的行动后选择行动。这时"人"有两个策略，即 $S_{人}=\{$犯，不犯$\}$，"我"只有一个策略，即 $S_{我}=\{$[犯，不犯]$\}$，这里，策略[犯，不犯]中的第一个元素是对应"人"选择"犯"时"我"的行动，第二个元素是对应"人"选择"不犯"时"我"的行动。可见，策略与行动是两个不同的概念，策略是行动的规则而不是行动本身。因为策略告诉参与人如何对其他参与人的行动做出反应，所以策略又被称作是参与人的"相机行动计划"。在"人-我"博弈中，一共有两个策略组合，即(犯，[犯，不犯])和(不犯，[犯，不犯])。

在静态博弈中，由于没有一个参与人能事先观察到其他参与人的行动，所以策略就成了简单的行动选择，这时策略和行动是相同的。例如，在"囚徒困境"博弈中，每个囚徒所能选择的策略集合就是他们的行动集合。

支付　支付是指参与人在一个特定的策略组合下所得到的确定(或预期)效用水平。支付是博弈的参与人真正关心的东西。我们假定每个参与人的效用函数都可以用一个冯·诺伊曼-摩根斯坦期望效用函数来表示。一般地，我们

用 π_i 来表示第 i 个人的支付，$\pi=(\pi_1,\cdots,\pi_n)$ 来表示 n 个参与人的"支付组合"。博弈论的一个基本假定是某一个参与人的支付不仅依赖于他自己的策略选择，而且还依赖于所有其他参与人的策略选择，因此，第 i 个参与人的支付 π_i 是所有参与人的策略选择的函数，即：

$$\pi_i=\pi_i(s_i,\cdots,s_n) \qquad (i=1,2,\cdots,n)$$

在"囚徒困境"博弈中，参与人被判的刑期即是他们的支付，即：

$$\pi_{\mathrm{A}}(\text{坦白},\text{坦白})=\pi_{\mathrm{B}}(\text{坦白},\text{坦白})=-3$$

$$\pi_{\mathrm{A}}(\text{坦白},\text{抵赖})=\pi_{\mathrm{B}}(\text{抵赖},\text{坦白})=2$$

$$\pi_{\mathrm{A}}(\text{抵赖},\text{坦白})=\pi_{\mathrm{B}}(\text{坦白},\text{抵赖})=-5$$

$$\pi_{\mathrm{A}}(\text{抵赖},\text{抵赖})=\pi_{\mathrm{B}}(\text{抵赖},\text{抵赖})=0$$

如果囚徒 A 认为囚徒 B 选择"坦白"的概率是 p，那么囚徒 A 选择"坦白"的期望支付为：

$$E\pi_{\mathrm{A}}(\text{坦白})=-3\times p+2\times(1-p)=2-5p$$

结果 结果是博弈论专家感兴趣的所有东西，如均衡策略组合、均衡行动组合、均衡支付组合等。在"囚徒困境"博弈中，一个可能的结果是：(坦白，坦白)；$(\pi_{\mathrm{A}},\pi_{\mathrm{B}})=(-3,-3)$，即两名嫌犯都选择了坦白，各被判刑 3 年。在"人-我"博弈中，一个可能的结果是(不犯，不犯)，即"人不犯我，我不犯人"，双方相安无事。

均衡 均衡是所有参与人的最优策略的组合，一般记为

$s^*=(s_1^*,\cdots,s_n^*)$，其中，s_i^* 是第 i 个参与人在均衡情况下使 π_i 或 $E\pi_i$ 最大化的策略。也就是说，对所有的 $i=1,2,\cdots,n$，下式始终成立：

$$\Pi_i(s_i^*,s_{-i})\geqslant\Pi_i(s_i',s_{-i}),\forall s_i'\neq s_i^*$$

其中，$s_{-i}=(s_1^*,\cdots,s_{i-1}^*,s_{i+1}^*,\cdots s_n^*)$。

"囚徒困境"博弈的均衡是(坦白，坦白)，即各判 3 年。也许你会奇怪，两个人都选择抵赖，警方最后不得不释放他们的结果岂不比坐 3 年牢要好多了吗？但是组合(抵赖，抵赖)不是一个均衡，假如 A 选择抵赖，那么 B 最大化支付水平的策略是坦白；如果 B 选择抵赖，那么 A 的最优策略也是坦白。可见，大家都没有动力遵守这一"君子协定"。如果 A 知道 B 将坦白，那么 A 为了少判几年，也只好选择坦白，因此，最后的结果就只能是大家都老老实实地坦白。"囚徒困境"博弈反映了一个很深刻的问题，那就是个人理性和集体理性的矛盾，这个问题将一直贯穿我们后面几节所要讲到的内容。

需要注意的是，"均衡"与"均衡结果"是两个不同的概念，"均衡"指的是最优策略，"均衡结果"指的是根据最优策略所选择的行动。以"人-我"博弈为例，当"人"觉得"我"可以欺侮的时候，均衡是(犯，[犯，不犯])，均衡结果是(犯，犯)；当"人"觉得"我"不可欺侮的时候，均衡是(不犯，[犯，不犯])，均衡结果是(不犯，不犯)。

博弈的扩展型描述和标准型描述

把博弈形式化有两种方法：一种是扩展型描述，另一种是标准型描述。从理论上来讲，这两种描述方法是完全等价的，只不过用扩展型来描述动态博弈比较方便，而对于静态博弈而言，则标准型描述更合适一些。

博弈的扩展型描述包含六个要素：

(1)参与人；

(2)参与人的行动顺序；

(3)每个参与人在每次行动时可供选择的行动集合；

(4)每个参与人在每次行动时的信息集；

(5)支付函数；

(6)“自然”的选择。

扩展型描述可以用“博弈树”形象地表示出来，例如图1—2是前面所讲到的“囚徒困境”博弈的博弈树。博弈树的原型是决策理论中所使用的“决策树”，只是从单人决策发展到多人博弈而已。博弈树从空心圆开始，这个空心圆叫作初始结，树的结构告诉了我们参与人的行动顺序，结点旁的数字或字母表示在这一点由该符号所代表的参与人做出决策。从图1—2中可以看出，这个博弈首先由A做决策，接下来由B做决策，一共有四种可能的结果。连接两个实心圆间的虚线表示这两个结点处于同一信息集，处于同一信息集的意思是当事人不能判断出自己处于哪一个决策结上。在这个博弈中,说明囚徒 B 不知道囚徒 A 选择的是“坦白”还是“抵赖”。因此,该博弈树中虽然 A、B 的行动顺序有先后,实则相当于“同时”行动。图 1—3 中所表示的博弈树与图 1—2 是等价的。

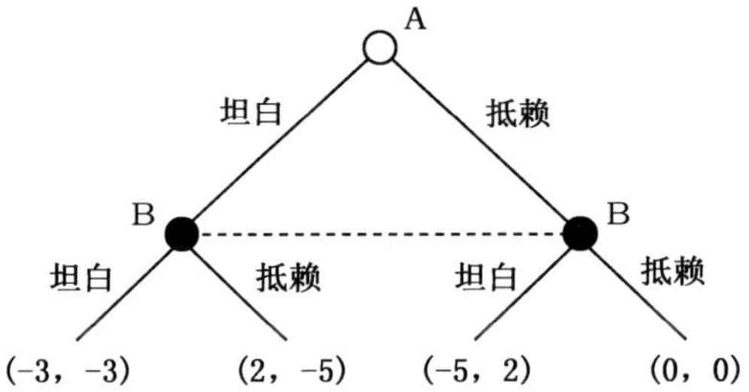

图 1—2 “囚徒困境”博弈的扩展型描述

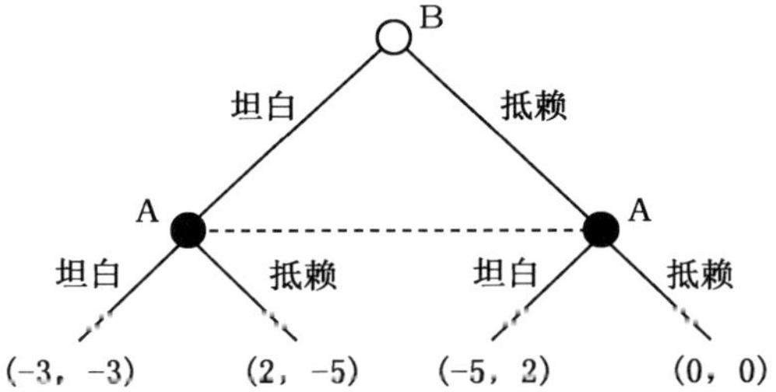

图 1—3 “囚徒困境”博弈的另一种扩展型描述

在博弈论中,有一个与信息集有关的假定叫作“完美回忆”,它是指所有的参与人都不会忘记自己以前知道的信息,所有的参与人也都记得自己以前所作过的选择。我们看图

1—4 的例子，在博弈的第二阶段，参与人 2 不能区别(U)与(D)；在博弈的第三阶段，参与人 1 不能区别(U,L)与(D,L)。参与人 2 不能区别(U)与(D)，这很正常，因为他或许真的不知道参与人 1 在第一阶段的选择；但参与人 1 不能区别(U,L)与(D,L)就不正常了，根据完美回忆假设，参与人 1 应该记得他第一次到底选择是 U 还是 D，因此，他不应该混淆(U,L)和(D,L)。我们说，在这个例子里，参与人 1 不具有完美回忆。

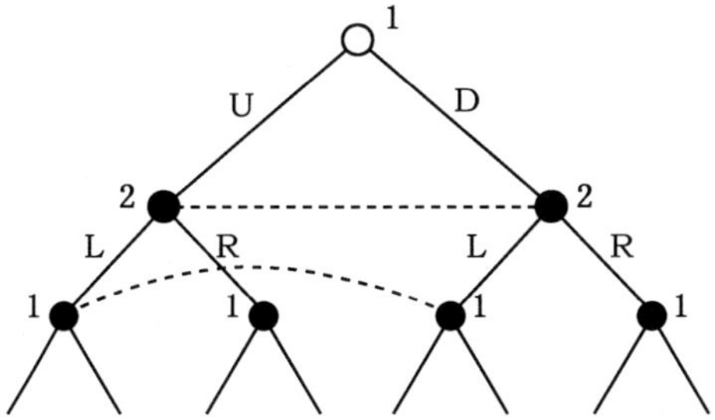

图 1—4　参与人不具有"完美回忆"的例子

在博弈树上，从一个决策结到它的后续结点的连线叫作"枝"，每一条枝代表参与人的一个行动选择。在图 1—2 中，囚徒 A 有两种行动选择，分别用标有"坦白"和"抵赖"的两个枝来表示。枝是有方向的，在有些作者的书中这些枝就直接是用箭头来表示的。终点结处的(x,y)表示参与人 1 的支付是 x，参与人 2 的支付是 y。例如，在图 1—1 中，(2，—5)表示在囚徒 A 坦白、囚徒 B 抵赖的情况下，A 将被释放并得到奖赏，而 B 则将被判刑 5 年。

一般来说，我们假定博弈树的整个结构以及最后的支付都是共同知识，即每个参与人都知道这些信息，每个参与人都知道其余每个参与人也都知道这些信息……

在“囚徒困境”博弈中，囚徒要么选择“坦白”，要么选择“抵赖”，这种策略称为纯策略。纯策略是指参与人在给定的信息情况下，确定地选择一种特定的行动。与之相反，一个参与人（比如说囚徒 A）可能以某种概率分布随机地选择不同的行动，这样的一种策略称作混合策略。显然，纯策略是混合策略的特例，即概率 $p_i=0$ 或 1。

与扩展型描述相等价的另一种方法是标准型描述。图 1—1 即囚徒困境博弈的标准型描述。博弈的标准型描述包含三要素：①参与人；②每个参与人可供选择的策略集合；③每个参与人的支付函数。两人有限博弈的标准型描述可以用矩阵来直观地表示，如图 1—1 所示。不同的博弈树可能有相同的标准型描述，如图 1—2 和图 1—3 所示的博弈树的标准型都是图 1—1；但不同的标准型描述所对应的博弈树肯定是不同的。

一般地，我们用 $G=(s_1,\cdots,s_n;\pi_1,\cdots,\pi_n)$ 表示 n 人博弈的标准型描述，其中 s_i 为第 i 个参与人的策略空间，π_i 为第 i 个行为人的支付函数。就像在扩展型描述中那样，我们可以扩大策略空间以允许混合策略的存在；参与人 i 的一个混合策略就是纯策略集合上的一个概率分布，混合策略下的支付就是相应纯策略收益的期望值。

需要注意区分的两个概念是“有限博弈”和“有限次博弈”。如果博弈参与人的个数是有限的，且每个参与人可选择的策略是有限的，则这个博弈被称为有限博弈；而有限次博弈是指博弈的阶段或博弈重复的次数是有限次的。可见，有限博弈与有限次博弈是两个根本不同的概念，因此当我们在后文讨论“无限次重复的有限博弈”时，我们应该知道这个博弈的参与人个数是有限的，每个参与人可选择的策略是有限的，但该博弈重复的次数是无限的。

1.3 博弈的均衡

博弈除了可以划分为合作博弈和非合作博弈外，还有另外两种比较常用的划分方式。从参与人决策的先后顺序的角度来看，博弈可以划分为静态博弈和动态博弈。静态博弈指的是在博弈中，参与人同时选择行动，或虽然行动有先有后，但后行动者不知道前行动者的具体决策，如“囚徒困境”博弈。动态博弈指的是参与人的行动有先有后，且后行动者能够观察到先行动者所选择的行动，如“人-我”博弈，“我”在观察到“人”的行动后再做出反应。从信息的角度来看，博弈可划分为完全信息博弈和不完全信息博弈。如果每一个参与人对博弈的结构、规则以及所有其他参与人的特征、策略空间和支付函数有准确的认识，则称为完全信息；否则，就是不完全信息。综合以上两种角度的划分，我们可以得到四种不同类型的博弈：完全信息静态博弈、完全信息动态博弈、不完全信息静态博弈和不完全信息动态博弈。对应这四种博弈的均衡分别是：纳什均衡、子博弈完美均衡、贝叶斯均衡和完美贝叶斯均衡。

纳什均衡

在“囚徒困境”博弈中，如果囚徒 B 选择“坦白”，那么囚徒 A 的最优策略是“坦白”；如果 B 选择“抵赖”，那么 A 的最优策略还是“坦白”。也就是说，不论囚徒 B 选择什么，对囚徒 A 来说，“坦白”总是严格地优于“抵赖”。在这种情况下，我们说“坦白”是囚徒 A 的“上策”。同样，“坦白”也是囚徒 B 的“上策”。在一个博弈中，所有参与人都有上策存在，那么，上策均衡将是可以预测到的唯一的均衡，因为没有一个理性的参与人会选择劣策略，因此，(坦白，坦白)是“囚徒困境”博弈的唯一均衡。

然而不幸的是，在更一般的情况下，博弈中并不存在上策。图 1—5 所描述的是“性别战”博弈。这个例子讲的是一男一女约会，有两个活动可以选择，去球场看足球赛或是去看电影。男的更喜欢看足球，而女方更偏好于看电影，当然前提条件是两个人一起看。在这个博弈中，一方的最优策略明显地依赖于另一方的选择，因此，这里不存在上策。为了找出这个博弈的均衡解，我们需要引入纳什（Nash，1950）提出的“纳什均衡”的概念。

		女：足球	女：电影
男	足球	2，1	0，0
男	电影	0，0	1，2

图 1—5　“性别战”博弈

定义　策略组合 $s^*=(s_1,\cdots,s_n^*)$ 是博弈 $G=(s_1,\cdots,s_n;\pi_1,\cdots,\pi_n)$ 的一个纯策略纳什均衡，当且仅当

$$\pi_i(s^*)\geqslant\pi_i(s_i,s_{-i}^*)\ \forall s_i\in S_i \qquad (i=1,2,\cdots,n)$$

其中，s_{-i}^* 是除第 i 个参与人之外的所有其他参与人的选择，即 $s_{-i}^*=(s_1^*,\cdots,s_{i-1}^*,s_{i+1}^*,\cdots,s_n^*)$。

换句话说，一个纳什均衡是这样的一个策略组合，在给定所有其他参与人的策略的情况下，没有任何一个参与人有动力改变自己的策略。上述纳什均衡的定义可以直接扩展到允许混合策略存在的情形。这时，参与人 i 的策略空间是 s_i 上的概率分布的集合，π_i 是使用混合策略下的期望支付。

一个上策均衡必然是一个纳什均衡，但反过来不成立。这说明上策均衡是纳什均衡的特例。上策均衡是唯一的，但

纳什均衡可能有多个。林(Schelling,1960)关于“聚点均衡”的理论指出,在现实生活中,参与人可能可以通过一些被标准化的博弈模型所抽象掉的信息来达到一个特定的均衡。比如,如果今天是女孩子的生日,那么聚点均衡大概就会是去看电影;又或者他俩在过去的约会中一般都是交替地去看足球赛和看电影,而上次是男方陪女方去看电影,那么这次女方陪男方去看足球赛就会是一个聚点均衡。在“提名”博弈中,聚点均衡也会经常碰到。假设两个参与人被同时要求宣布一个时刻,如果他们宣布的时刻相同,每人就会得到奖赏;那么,“中午 12:00”就会是一个聚点均衡,而“下午 1:43”显然不是。

纳什均衡的一个经典案例是古诺寡头垄断模型。假设在一个行业中只有两家企业,它们生产同质的产品;企业的目标是通过选择产量以最大化其利润。价格由市场需求函数 $P(Q)$ 决定,其中 $Q=q_1+q_2$,q_1 为企业 1 的产量,q_2 为企业 2 的产量。企业 i 的生产成本是 $C_i(q_i)$,则企业的利润函数为 $\pi_i=(q_1,q_2)=q_i\cdot P(Q)-C_i(q_i)$。如果 π_i 可导且严格凹,我们就可以通过 π_i 的一阶条件求出“古诺反应函数”$R_1(q_2)$和 $R_2(q_1)$。反应函数反映的是给定一个企业的产量时另一个企业的最优产量;如果 $R_1(q_2)$和 $R_2(q_1)$存在交点的话,那么这个交点就是古诺博弈的纳什均衡。

为了得到更为具体的结果,我们做出如下假定:每个企业都具有相同的单位生产成本 c，即 $C_i(q_i)=c\cdot q_i$；需求函数为一线性函数 $P=a-Q$。则两家企业的利润函数为：

$$\pi_1=(a-q_1-q_2)\cdot q_1-c\cdot q_1$$

$$\pi_2=(a-q_1-q_2)\cdot q_2-c\cdot q_2$$

一阶条件为：

$$\frac{\partial\pi_1}{\partial q_1}=a-2q_1-q_2-c=0$$

$$\frac{\partial\pi_2}{\partial q_2}=a-q_1-2q_2-c=0$$

古诺反应函数为：

$$R_1(q_2)=\frac{1}{2}(a-q_2-c)$$

$$R_2(q_1)=\frac{1}{2}(a-q_1-c)$$

由这两个反应函数决定的曲线称作“古诺反应曲线”，见图1—6。两条曲线的交点处 $R_1(q_2)=R_2(q_1)$，得纳什均衡产量为：

$$q_1^*=q_2^*=\frac{1}{3}(a-c)$$

每家企业的纳什均衡利润分别为：

$$\pi_1(q_1^*,q_2^*)=\pi_2(q_1^*,q_2^*)=\frac{1}{9}(a-c)^2$$

$$\pi_1(q_1^*, q_2^*) = \pi_1(q_1^*, q_2^*) = \frac{1}{9}(a-c)^2$$

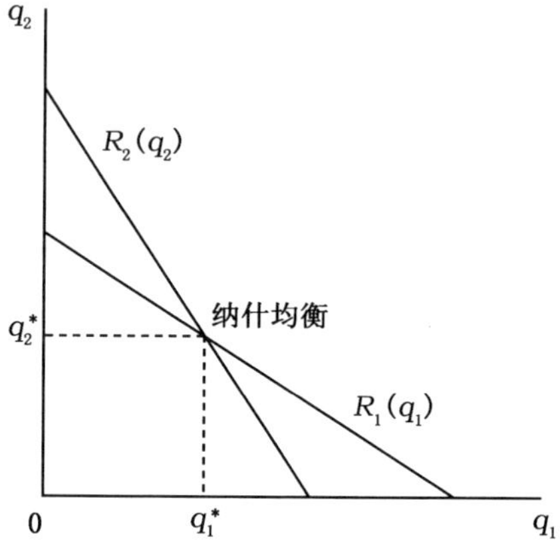

图 1—6　古诺双头垄断模型的纳什均衡

子博弈完美均衡

图 1—7 是一个两阶段动态均衡的扩展型描述，图 1—8 是该博弈的标准型描述。根据上一小节的知识，我们知道这个博弈有四个纯策略纳什均衡，分别为(U,[L,R])，(U,[R,R])，(D,[L,L])和(D,[R,L])。前两个均衡的结果是参与人 1 选择行动 U，参与人 2 选择什么行动无所谓，支付为(2,2)。后两个均衡的结果是(D,L)，即参与人 1 选择行动 D，然后参与人 2 选择行动 L，支付为(3,1)。既然参与人 1 选择 D 的支付为 3，大于选择 U 的支付水平 2，那么为什么还会发生参与人 1 选择 U 的情况呢？从参与人 2 的策略[L,R]和[R,

R]中得知,参与人 2 威胁说如果参与人 1 选择 D,他就将选择 R。参与人 1 从(D,R)中得到的支付为 1,小于选择 U 的支付;因此,在参与人 2 的威胁下,参与人 1 选择了 U。但问题是:参与人 2 的威胁是否是可信的呢?当参与人 1 选择行动 D 的时候,参与人 2 真的会选择 R 吗?多半不会,因为当参与人 1 选择 D 时,参与人 2 选择 L 的支付为 1,而选择 R 的支付却为 0;因此,参与人 2 的理性选择应该是 L。可见,参与人 2 的威胁是“不可信”的。但是,纳什均衡概念承认了这种不可信的威胁,为了剔除这种不可信的威胁,泽尔腾(Selten,1965)引入了子博弈完美均衡的概念。所谓子博弈,是指初始博弈树的子集,它满足:①从一个只包含单一决策结的信息集开始;②如果一个结点在子博弈中,它的所有后续结点都在子博弈中;③所有的信息集都是初始博弈的信息集。根据子博弈定义可知,原博弈也是它自身的子博弈。所谓子博弈完美均衡,是指这样一个策略组合 $s^* =(s_1^*,\cdots,s_n^*)$,它不仅是原博弈的纳什均衡,而且在每一个子博弈上都构成纳什均衡。

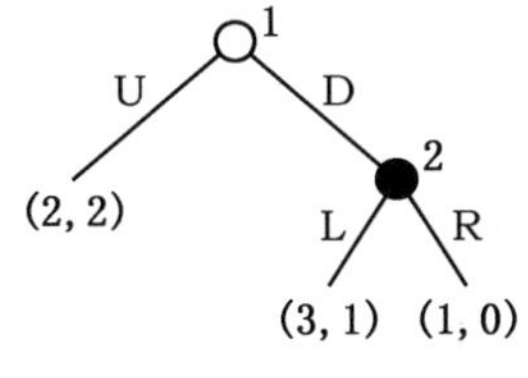

图 1—7 两阶段动态博弈的扩展型描述

		参与人 2			
		[L,L]	[L,R]	[R,L]	[R,R]
参与人 1	U	2， 2	2， 2	2， 2	2， 2
	D	3， 1	1， 0	3， 1	1， 0

表 1—8 两阶段动态博弈的标准型描述

我们以图 1—9 的例子来说明子博弈完美均衡这一概念的应用。如图 1—9 所示，这个博弈有两个子博弈，其中子博弈Ⅰ实际上就是原博弈，而子博弈Ⅱ实际上是个单人博弈。我们现在来验证一下这四个纳什均衡是否都满足子博弈完美均衡的要求。在子博弈Ⅱ中，参与人的最优策略是 L，原博弈的纳什均衡(U,[L,R])在子博弈Ⅱ上不构成纳什均衡，因此，(U,[L,R])不是一个子博弈完美均衡。类似地，(U,[R,R])也不是一个子博弈完美均衡。而(D,[L,L])和(D,[R,L])不仅在原博弈上，同时也在子博弈Ⅱ上构成纳什均衡，因此，策略组合(D,[L,L])和(D,[R,L])是这个博弈的子博弈完美均衡。我们有理由认为，(D,L)是这个博弈唯一可能的均衡结果。参与人 2 的不可信的威胁被剔除了。

一般地，子博弈完美均衡可以通过“倒推法”来求解。在上面的例子中，在第二阶段，参与人 2 的最优策略是[L,L]或[R,L]，即如果参与人 1 在第一阶段选择的是 U，则参与人 2 在第二阶段选择什么都没有任何区别；如果参与人 1 在第一阶段选择的是 D，则参与人 2 在第二阶段的最优选择是 L。

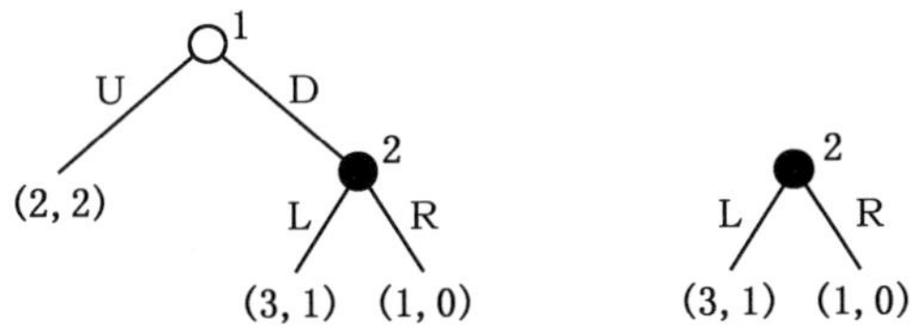

图 1—9 两阶段动态博弈的子博弈完美均衡

给定参与人 2 在第二阶段的选择，参与人 1 在第一阶段的最优选择是 D。因此，用倒推法得到的子博弈完美均衡也是(D,[L,L])和(D,[R,L])。

以上讨论的动态博弈叫作“序贯博弈”。序贯博弈的一个特征是从后一个决策结开始的子博弈不同于从前一个决策结开始的子博弈，也就是说，同样结构的子博弈只出现一次。另一种非常重要的动态博弈是“重复博弈”，即同样结构的子博弈重复多次，每一阶段的博弈都是上一阶段博弈的反复。关于重复博弈最著名的一个结论是所谓的“无名氏定理”。无名氏定理说的是，在无限次重复博弈中，如果参与人有足够的耐心，那么任何满足个人理性的可行的支付向量都可能是一个特定的子博弈完美均衡结果(Friedman，1971)。我们以重复博弈的古诺双头垄断模型来说明这一定理。

我们知道，静态古诺博弈的均衡解是：产量 $q_1^* = q_2^* = \frac{1}{3}(a-c)$，利润 $\pi_1^* = \pi_2^* = \frac{1}{9}(a-c)^2$。同时，我们能很容易

地计算出在相同的市场和生产条件下，一家完全垄断企业的垄断产量 $q^*=\frac{1}{2}(a-c)$，垄断利润 $\pi^*=\frac{1}{4}(a-c)^2$。$q_1^*+q_2^*>q^*$，$\pi_1^*+\pi_2^*<\pi^*$，可见，古诺双头垄断的总产量大于垄断产量，而总利润低于垄断利润。如果两家企业各生产 $q_1'=q_2'=\frac{1}{2}q^*$，则它们的利润是 $\pi_1'=\pi_2'=\frac{1}{2}\pi^*>\frac{1}{9}(a-c)^2$；但这不是静态古诺博弈的纳什均衡，当企业 2 生产 $q_2=\frac{1}{4}(a-c)$ 时，企业 1 的最优产量为 $q_1=\frac{3}{8}(a-c)$，利润 $\pi_1=\frac{9}{64}(a-c)^2$。显然，这也是一个典型的“囚徒困境”，大家都知道合作比不合作好，但双方都没有合作的诚意。但是，当博弈无限次重复的时候，合作就可能是某一完美均衡的结果。

考虑如下“冷酷策略”：在第一阶段选择 $q_i=\frac{1}{2}q^*$；继续选择 $q_i=\frac{1}{2}q^*$，直到有一个企业选择 $q_i\neq\frac{1}{2}q^*$，然后永远选择 $q_i=q_i^*$。也就是说，从合作开始，如果中途有任何企业出现非合作行为，则转入生产古诺均衡产量。令 δ 为贴现系数（假定两家企业的贴现系数相同），$\delta\in[0,1]$，它反映了参与人的耐心，δ 越趋近于 1，说明参与人的耐心越好。给定企业 2 坚持“冷酷策略”，如果企业 1 每期都合作，则它每期的利润

流量为 $\pi_1=\frac{1}{2}\pi^*=\frac{1}{8}(a-c)^2$；如果企业 1 不合作，则它选择当期最优产量 $q_1=\frac{3}{8}(a-c)$，当期利润 $\pi_1=\frac{9}{64}(a-c)^2$，但它以后每期的利润将为 $\frac{1}{9}(a-c)^2$。如果下列条件满足，企业 1 将会选择永远合作：

$$\frac{1}{8}(a-c)^2+\delta\cdot\frac{1}{8}(a-c)^2+\delta^2\cdot\frac{1}{8}(a-c)^2+\cdots$$

$$\geqslant\frac{9}{64}(a-c)^2+\delta\cdot\frac{1}{9}(a-c)^2+\delta^2\cdot\frac{1}{9}(a-c)^2+\cdots$$

解之，得 $\delta\geqslant\frac{9}{17}$，说明当 $\delta\geqslant\frac{9}{17}$ 时，企业 1 将采取合作的态度。该结论对企业 2 也一样。也就是说，当 $\delta\geqslant\frac{9}{17}$ 时，合作将是一个子博弈完美均衡。事实上，当 $\delta\geqslant\frac{9}{17}$ 时，任何介于垄断产量和古诺均衡产量间的产量 $q\in[\frac{1}{4}(a-c),\frac{1}{3}(a-c)]$ 都是冷酷策略完美均衡的一个结果。

贝叶斯均衡和完美贝叶斯均衡

纳什均衡与子博弈完美均衡所反映的博弈都包括了一个基本假设，即博弈的结构、所有参与人的特征、策略空间和支付函数都是共同知识，满足这样一个假设的博弈称为“完全信息博弈”。但在现实生活中这一假设往往得不到满足。比如说,一个人对另一个人的了解,即使两人之间有长期的交往,谁也不敢说对另一个人有完全的了解,更何况人是在不停地成长变化的。在博弈中,参与人对博弈的结构以及其他参与人的特征并没有准确的知识的情况叫作“不完全信息博弈”。试看图1—10所表示的“求爱博弈”:女方是否接受男方的求爱,依赖于女方对男方品行的判断。如果女方知道男方品行优良,就会接受他的求爱;如果她知道他品行恶劣,则会毫不客气地拒绝。但现在的问题是,女方并不知道男方的品行到底是好还是坏。

男 \ 女	接受	不接受
求爱	100,100	−50,0
不求爱	0,0	0,0

(a)男方品行优良

男 \ 女	接受	不接受
求爱	100,−100	−50,0
不求爱	0, 0	0,0

(b)男方品行恶劣

图1—10 “求爱”博弈:不完全信息

在这个例子中,女方似乎是在与两个不同的求爱者博弈,一个是品行优良者,另一个是品行恶劣者。在1967年以前,博弈论专家对不完全信息博弈仍是束手无策的,因为当一个参与人不知道他的对手是谁时,是无法选择自己的最优策略的。为了解决这一难题,海萨尼(Harsanyi,1967)引入了一个虚拟的参与人——“自然”。与一般参与人不同,“自然”

没有自己的支付和目标函数,即所有结果对它而言都是无差异的。自然首先行动决定参与人的特征,参与人知道自己的特征,而其他参与人并不清楚他的具体特征,但知道各种可能特征的概率分布。在上例中,即自然首先决定求爱者的类型,男方知道自己的品行如何,而女方并不了解,但女方知道这个概率分布,男方也知道女方所预期的这个概率分布。海萨尼的这项工作被称为“海萨尼转换”,通过“海萨尼转换”,图1—10中的“不完全信息博弈”就转换成为图1—11中所示的“完全但不完美信息博弈”。这样一来,不完全信息博弈就变得可以进行分析了。在这个基础上,海萨尼定义了“贝叶斯均衡”。所谓贝叶斯均衡,是指这样一组策略组合:在给定自己的类型和其他人类型的概率分布下,每个参与人选择策略使自己的期望支付达到最大化。

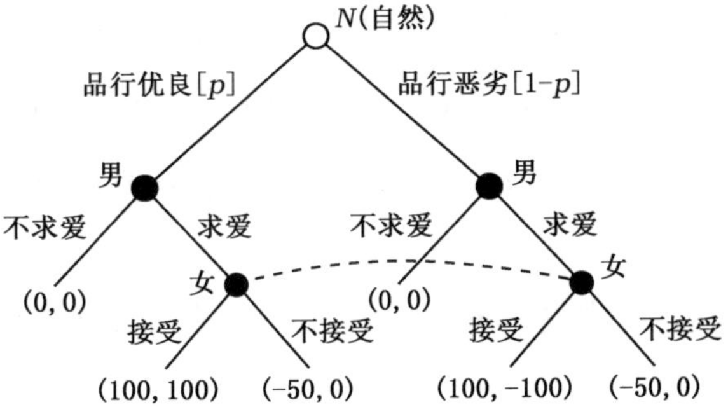

图1—11 海萨尼转换后的求爱博弈

假设女方认为男方品行优良的概率为 p，那么女方接受求爱的期望效用为 $100p+(-100)(1-p)=200p-100$，拒绝求爱的期望效用为 0。当 $p>\frac{1}{2}$ 时，女方的最优策略是接受，给定女方接受，男方的最优策略是求爱；因此，当 $p>\frac{1}{2}$ 时，贝叶斯均衡是（求爱，接受）。当 $p<\frac{1}{2}$ 时，女方的最优策略是拒绝，给定女方拒绝，男方的最优策略是不求爱；因此，当 $p<\frac{1}{2}$ 时，贝叶斯均衡是（不求爱，不接受）。

为了更好地理解不完全信息博弈和贝叶斯均衡，我们再举一个不完全信息古诺博弈的例子。在前面的完全信息古诺模型中，我们假定两个企业都知道对方的确切生产成本。现在我们放宽这一假定，设企业 1 的单位成本 c_1 是共同知识，但企业 2 的单位成本可能是 c_2^H 也可能是 c_2^L，$c_2^H>c_2^L$。企业 2 知道自己的成本是什么，但企业 1 只知道 $c_2=c_2^H$ 的可能性为 μ，$c_2=c_2^L$ 的可能性为 $(1-\mu)$。市场需求函数仍保持 $P=a-q_1-q_2$ 不变。

当企业 2 为高成本时，$c_2=c_2^H$，企业 2 的利润为 $\pi_2^H=P\cdot q_2^H-c_2^H\cdot q_2^H$，$\frac{\partial\pi_2^H}{\partial q_2^H}=a-q_1-2q_2^H-c_2^H=0$，即企业 2 的反应函数为 $q_2^H=\frac{1}{2}(a-c_2^H-q_1)$。类似地，当企业 2 为低成

本时，$c_2=c_2^L$，可求得企业 2 的反应函数为 $q_2^L=\frac{1}{2}(a-c_2^L-q_1)$。由于企业 1 不知道企业 2 的真实成本从而不知道企业 2 的真实反应函数，因此，企业 1 将选择 q_1 以最大化其期望利润：

$$\max E\pi_1=\mu\cdot[(a-q_1-q_2^H)\cdot q_1-c_1q_1]+(1-\mu)[(a-q_1-q_2^L)\cdot q_1-c_1q_1]$$

一阶条件为$\frac{\partial E\pi_1}{\partial q_1}=a-c_1-2q_1-\mu\cdot q_2^H-(1-\mu)q_2^L=0$，因此，企业 1 的反应函数为

$$q_1=\frac{1}{2}[a-c_1-\mu\cdot q_2^H-(1-\mu)q_2^L]$$

联解方程组：

$$\begin{cases}q_1=\frac{1}{2}[a-c_1-\mu\cdot q_2^H-(1-\mu)q_2^L]\\ q_2^H=\frac{1}{2}(a-c_2^H-q_1)\\ q_2^L=\frac{1}{2}(a-c_2^L-q_1)\end{cases}$$

得：

$$\begin{cases}q_1=\frac{1}{3}[a-2c_1+\mu\cdot c_2^H+(1-\mu)c_2^L]\\ q_2^H=\frac{1}{3}(a+c_1)-\frac{1}{6}[(3+\mu)\cdot c_2^H+(1-\mu)c_2^L]\\ q_2^L=\frac{1}{3}(a+c_1)-\frac{1}{6}[\mu\cdot c_2^H+(4-\mu)c_2^L]\end{cases}$$

当企业 2 为高成本时,贝叶斯均衡产量为(q_1, q_2^H);当企业 2 为低成本时,贝叶斯均衡产量为(q_2, q_2^L)。特别地,当 $c_1 = c_2^H = c_2^L = c$ 时,$q_1 = q_2^H = q_2^L = \frac{1}{3}(a-c)$,即完全信息静态古诺均衡。

在这一节,我们已经讨论了纳什均衡、子博弈完美均衡和贝叶斯均衡,最后我们将简单地介绍一下完美贝叶斯均衡。所谓完美贝叶斯均衡,是泽尔腾的子博弈完美均衡与海萨尼的贝叶斯均衡的结合。它要求:①给定每个参与人关于其他参与人类型的概率分布的信息,他的策略选择应该在每一个子博弈上都构成贝叶斯均衡;②在可能的情况下,每个参与人关于其他参与人的类型的概率分布 $p=(p_1,\cdots,p_n)$ 是通过使用贝叶斯法则从所观察到的行动中获得。也就是说,完美贝叶斯均衡对应的是一个不动点:给定概率分布 $p=(p_1,\cdots,p_n)$,策略组合 $s^*=(s_1^*,\cdots,s_n^*)$是最优的;给定策略组合 $s=(s_1^*,\cdots,s_n^*)$,概率分布 $p=(p_1,\cdots,p_n)$是使用贝叶斯法则从所观察到的行动和均衡策略 $s^*=(s_1^*,\cdots,s_n^*)$得到的。

完美贝叶斯均衡的理论比较复杂,我们在此不作展开阐述。有兴趣的读者,可以阅读富顿伯格和梯若尔(Fudenberg and Tirole,1991)合著的《博弈论》一书。

1.4 完美监督的重复博弈

在经济、政治和日常生活中，个人以及组织间的相互关系很少是由白纸黑字来明确规定的，各种各样的商业竞争、社会事务和国际关系也无法由一本法律大全来涵盖，但是，人与人之间的相互交往却仍然在不断重复。显然，在我们的生活中存在着大量自发的、可自我执行的“协议”：因为人们知道他们今天的行为会对将来产生影响，所以他们有动力达成并执行一项“可自我执行的协议”（self-enforcing agreement）。重复博弈提供了一个最简单的可以用来分析“可自我执行的协议”的模型。因此，本节和下一节所要讨论的中心问题便是重复博弈。

在这一节的大多数模型中，我们研究的是 n 个博弈人同时行动的博弈，也就是说，在博弈的每个阶段结束之后所有参与人才能知道其他参与人在这一阶段所选择的行动。一般地，我们用 $G=(A_1,\cdots,A_n;\pi_1,\cdots,\pi_n)$ 来表示阶段博弈，其中 A_i 为第 i 个参与人的非空行动集合，π_i 为第 i 个参与人的支付函数。显然，如果每个 A_i 都是有限的，那么 G 是一个有限博弈。重复 G 使每个参与人得到一个支付流量，令 δ 为参与人的贴现系数，我们假定每个人的贴现系数都相同。有限次重复博弈记作 $G^T(\delta)$，表示阶段博弈 G 重复 T 次；当博弈无限次重复时，我们记作 $G^{\infty}(\delta)$。在一个重复博弈中，参与人 i 在第 t 期的一个纯策略是所有参与人从第 1 期到第 $t-1$ 期的所有策略组合的函数。在无限次重复博弈中，混合策略允许随机的策略选择；但在这种情况下，必须说明其他参与人是仅仅观察到随机选择的结果呢，还是连随机选择的机制也知道。

重复博弈可能导致达成“可自我执行的协议”，这是我们在这两节所要讨论的问题，但对“可自我执行”的定义，有各种各样不同的意见，在这里我们只是简单地借用泽尔腾的子博弈完美均衡中的一些思想。也就是说，在经历任意一个 $t-1$ 期的阶段博弈后，参与人在 $t-1$ 期的策略组合在第 t 期仍然构成一个纳什均衡。这意味着在任何一期，没有任何一个参与人想要单方面偏离他原来的策略。当某个参与人在任何一期都没有动力偏离他所选择的既定策略时，我们就称该策略是该参与人相对于其他参与人的策略的“完美最优反应”。博弈 $G^{T}(\delta)$ 和 $G^{\infty}(\delta)$ 的子博弈完美均衡的平均支付现值的集合分别记作 $V^{1}(\delta)$ 和 $V^{\infty}(\delta)$，当不会引起混淆时，我们就简单地记作 V。

均衡的“不可改进性”

我们先来介绍一个看上去比完美最优反应弱得多的要求：“不可改进性”（renegotiation-proofness）。我们称参与人

的策略 s_i 相对于其他参与人的策略组合而言是不可改进的，如果不存在任意一个 t，使得参与人 i 能从如下的越轨行为中获得好处：(1)在 t 期，参与人 i 选择策略 $s_i' \neq s_i$；(2)在其他所有期，参与人 i 都选择策略 s_i。验证某个策略是否具有不可改进性，我们只需考虑参与人“一次性的”“下不为例”的越轨行为，而不需要考虑其他太过于复杂的情况。这就极大地简化了子博弈完美均衡的分析过程。不可改进性实际上是霍华德(Howard，1960)关于动态规划的一个著名结论的衍生物，它在阿布鲁(Abreu，1988)关于可自我执行的合作的文章中被首次提出。关于不可改进性，有如下这么一个定理：假设博弈 G 的支付是有界的，那么在重复博弈 $G^T(\delta)$ 和 $G^\infty(\delta)$ 中，参与人 i 的策略 s_i 是策略组合 $s=(s_1,\cdots,s_n)$ 的完美最优反应，当且仅当策略 s_i 相对于该策略组合是不可改进的。

定理的证明思路非常简单，而且它也很容易就能扩展到其他动态博弈或不完全信息博弈的情况。如果 s_i 不是一个完美最优反应，那么至少有一期参与人可以通过选择另外的策略 s_i' 而获益。如果这个偏离导致该期后无数多期的偏离，那么一定存在一个足够大的 T，使得在 T 期内选择策略 $\tilde{s}_i$，T 期后回到策略 s_i，也是一种有利可图的选择(因为支付是有界的，而贴现系数 $\delta<1$，因此在遥远的将来的支付对现在几乎没有任何影响)。假设 $\tilde{s}_i$ 能使 T 最小，且 x 是最后一个

偏离 s_i 的决策结(即从 $x+1$ 点开始,参与人 i 又回到策略 s_i),那么,不考虑所有其他的决策结,在 x 点不选择 s_i 显然是可以获利的。这就说明策略 s_i 不是不可改进的。因此,如果策略 s_i 不是一个完美最优反应,那么 s_i 不是不可改进的;即如果策略 s_i 是不可改进的,那么 s_i 就是一个完美最优反应。必要条件就更容易证明了,因为不可改进性的要求是完美最优反应的要求的子集,那么完美最优反应就是不可改进性的子集。因此,如果策略 s_i 是完美最优反应,那它必然是不可改进的。

这个等价条件在本节和下一节中将经常被引用到。

无名氏定理

从 20 世纪 50 年代起,博弈论专家逐渐形成了以下一种观点:在一个无限次重复博弈中,如果参与人有足够的耐心的话,许多原本不是静态纳什均衡的行动组合都将可能成为均衡的结果。弗里德曼(Friedman,1971)证明了古诺寡头垄断的情况。所有企业联合生产垄断产量对他们整体来说是最优的,但对任何一个企业来说却不是最优的。解决这一矛盾的办法之一是我们前面所讨论过的"冷酷策略"。只要企业的经理们从长期利润的角度出发,就会发现他在任何时候作弊都是得不偿失的,因此,只要别人遵守了这一协议,他也会遵守这一协议。从前面所讲的不可改进性的标准来看,我们可以说这种“合作”策略组合是一个子博弈完美均衡。弗里德曼考虑问题的出发点虽然是求解纳什均衡,但他却给我们指出了通向可信任的合作的途径。

定理一(Friedman,1971):令阶段博弈 $G=(A_1,\cdots,A_n;\pi_1,\cdots,\pi_n)$存在一个纳什均衡 $e=(e_1,\cdots,e_n)\in A$。$q=(q_1,\cdots,q_n)$为一可行的支付向量且满足 $\pi_i(q)>\pi_i(e)$, $\forall_i\in N$。则当 δ 接近于 1 时,q 是无限次重复博弈 $G^{\infty}(\delta)$在均衡路径上的一个子博弈完美均衡。

该定理说明,任何一个严格帕累托优于纳什均衡的可行的支付向量都是无限次重复博弈的一个特定的子博弈完美均衡。

奥曼和夏普里(Aumann and Shapley,1976)以及鲁宾斯坦(Rubinstein,1977)提出了一个更强的结论。他们假定在无限次重复博弈中,参与人有完全的耐心(即 $\delta=1$)并从子博弈完美均衡的平均支付的角度出发来选择其最优策略。显然,一个平均支付首先必须是可行的,即它应属于集合 F。同时我们还要考虑到参与人的保留支付。正式地,令 $\underline{v}_i=\min\limits_{a_{-i}}\max\limits_{a_i}\pi_i(a_i,a_{-i})$为参与人的保留支付,其中 $a_{-i}=(a_i,\cdots,a_{i-1},a_{i+1},\cdots,a_n)$。也就是说,参与人 i 的保留支付是其他参与人试图给他以最大惩罚时,参与人 i 所能保证得到的最大支付,又称为“最小最大支付”。任何大于保留支付的支付称为个人理性支付,令 F^+ 表示所有可行的个人理性支付所构成的集合。特别地，当 $\delta=1$ 时，所有参与人将只关心他们的长期平均支付水平，可行的个人理性支付集合也就将与无限次重复博弈的子博弈均衡的长期平均支付集合相重合。

定理二[重复博弈的完美无名氏定理(Aumann and Shapley,1976；Rubinstein,1977)]：令 G^{∞} 为一无限次重复博弈，并且支付是以长期平均支付的标准来衡量，则 v 是 G^{∞} 的某个特定的子博弈完美均衡的平均支付，当且仅当 v 可行且满足个人理性。

为了简单地说明这一定理，我们看如下一个例子。假设 v 为一个可行的个人理性支付，且存在一个纯行动组合 $c\in A$ 使得 $\pi(c)=v$。考虑如下一个策略组合：所有参与人由选择 c 开始，当有任何一个参与人在 t 期违反这一选择时，其他参与人对该参与人进行 t^2 期的惩罚，然后回到行动 c[除非又有人在 t' 期越轨，则对他再进行 $(t')^2$ 期的惩罚]。如果某个参与人偏离均衡无数次的话，他能保证自己得到的长期平均支付最多也就是 $\underline{v}_i$，因此这种偏离对他是没有任何好处的。如果他只偏离了有限次，最终还是回到 c，那么他会发现自己的越轨行动只给自己造成了损失，没有任何意义。简而言之，任何参与人都不能从任何形式的单方面不合作行为中获利，所以该行动组合是 G^{∞} 的一个子博弈完美均衡。

需要注意的是，当 $\delta=1$ 时，“完美最优反应”和“不可改进性”这两个标准将是不等价的。如果不考虑历史因素，古诺双头垄断企业各生产一半的垄断产量显然不是一个子博弈完美均衡，但该策略从长期平均支付的角度来讲却是不可再改进的。

鲁宾斯坦(Rubinstein，1979a)证明了另一个类似的完美无名氏定理的例子，不过在这个例子中支付是以“占优”标准来衡量的。设 $\{w_t\}$ 和 $\{x_t\}$ 是两个支付流量，如果 $\lim_{T\to\infty}\sum_{t=1}^{T}(w_t, x_t) > 0$，则我们称在“占优”标准下支付 $\{w_t\}$ 严格优于支付 $\{x_t\}$。当我们使用“占优”标准时，不可改进性也不是一个用来检验子博弈完美均衡的合适指标。

完美无名氏定理说明了存在可信的比纳什均衡更严厉的惩罚。例如，在古诺模型中，最严厉的惩罚是生产完全竞争情况下的产量，其价格等于边际成本，利润为零。

阿布鲁在 20 世纪 80 年代的工作(Abreu，1986，1988)标志着在有贴现($\delta<1$)的无限次重复博弈的纯策略子博弈完美均衡研究上的突破。在博弈的每个阶段都要考虑每个参与人的激励与惩罚，无数种的可能结果使得这一问题几乎无法可解，但阿布鲁还是想办法将之简化成了一个相对比较有序的问题，从而容易处理。他的第一次尝试是把一个无限次重复博弈的策略组合看作是以所有参与人历史上的行动选择为变量的函数的无限结果序列的一个向量。注意，一个策略组合不仅指出参与人应遵循哪些路径，并且还应包括一旦

有人从原来的路径偏离时参与人应选择哪一条新的路径。可见，该策略组合可被看作是一个“路径的集合”和选择路径的“规则”，包括越轨行为发生时如何选择路径的规则。老实说，到这一步的前景仍然不是那么让人乐观的：路径的集合可能是无限的，选择路径的规则就更复杂了。阿布鲁(Abreu，1988)调整了这一方式，他指出，对 $G^{\infty}(\delta)$ 的任何一个纯策略子博弈完美均衡，都存在另一个完美均衡产生同样的结果，并且该均衡能用 $n+1$ 条路径和一个最基本的规则来表示。对任意子博弈完美均衡路径 Q_0 和路径 $Q_1,\cdots,Q_n$，定义“简单策略组合”$\sigma(Q_0,Q_1,\cdots,Q_n)$，满足规则：(1) Q_0 是起始路径；(2)当参与人 i 在任何一条路径上发生偏离时，博弈将跳到路径 Q_i 的起点重新开始。在这里，路径 $Q_1,\cdots,Q_n$ 分别是 n 个参与人受到最严厉惩罚时的子博弈完美均衡。阿布鲁 1988 年的文章的中心论点是：当 Q_0 是任何一个子博弈完美均衡时，简单策略组合 $\sigma(Q_0,Q_1,\cdots,Q_n)$ 也将是一个子博弈完美均衡。因为 $Q_0,Q_1,\cdots,Q_n$ 都是子博弈完美均衡路径，而 Q_i 又是参与人 i 的最不利的路径，因此在博弈的任何阶段，参与人 i 都没有动力偏离原来的均衡路径。下面的定理就是阿布鲁的结论。

定理三(Abreu，1988)：令 $G=(A_1,\cdots,A_n;\pi_1,\cdots,\pi_n)$ 至少有一个纯策略均衡。假设 A_i 是满维度的，π_i 是连续的，那么：(1)该纯策略子博弈完美均衡的值空间 $V^{\infty}(\delta)$ 是非空的，

且满维度；(2)对任意均衡 γ，存在一个简单策略组合在同一个路径上实现子博弈完美均衡。

一般来说，这 $n+1$ 条路径本身都是高度动态且非常复杂的，那为什么我们还称 $\sigma(Q_0, Q_1, \cdots, Q_n)$ 为"简单"组合呢？这是因为当偏离发生时，惩罚的决定机制是极其简单的。只要我们知道参与人 i 偏离了原来的均衡，不论他偏离的性质，也不论他在什么时点、什么位置发生的偏离，其他参与人都将对他进行最严厉的惩罚，在这里，并不考虑要"量罪定刑"。

这一分析不适用于混合策略均衡，因为你无法从其他参与人所选择的行动中判断出他是否真的遵循了所选定的混合策略。然而从其他方面来说，这一理论是非常综合性的，它包括了所有的有限博弈和各种不同的 $\delta \in [0,1]$。它的应用价值在阿布鲁(Abreu，1986)关于古诺寡头垄断者之间的合谋的研究中得到了展现。他假定有 n 个典型企业，边际成本为 $c>0$，没有不变成本，策略空间为 $q \in [0, \infty]$；它们面对一条向下倾斜的平滑的市场需求曲线，且 P 满足 $\lim\limits_{q \to \infty} P(q)=0$。

为了推导出最严厉惩罚路径的形式，有必要先提一下"强对称均衡"的概念。所谓强对称均衡，是指没有任何一期给任何一个参与人不同于其他参与人的行动指示的均衡。我们很容易验证，受约束的最优强对称均衡的路径是不变的。但这一点对最严厉惩罚路径不适用。后者有一个引人注目的"大棒加胡萝卜"结构：第一期的支付是最差的，但从第二期开始的路径却是帕累托最优的。

定理四（Abreu，1986）：在一个满足上述条件的古诺寡头垄断模型中，存在一条强对称均衡路径，从第二期开始的持续结果是帕累托最优的。存在一个特定的δ^*，使得$\delta>\delta^*$时，最严厉惩罚对称均衡的利润的现值可以小到零。

阿布鲁在这里的想法是：只要第一期的利润水平足够低，那么就可以促成从第二期开始的帕累托最优产量，即每个企业各生产垄断产量的$\frac{1}{n}$，获得最大可能利润。也许有人会产生疑问，既然在第一期的时候企业之间已经相互最严厉地惩罚了，它们已经没有什么东西可以再失去了，那么用什么来威胁他们，使他们从第二期开始合作呢？这个威胁是一旦有人不合作，整个博弈就回到路径的起点，重新开始。因此，“大棒加胡萝卜”策略可由图 1－12 表示。

正是由于生产最严厉惩罚产量的威胁，才使得从第二期起生产帕累托最优产量成为一个子博弈完美均衡。阿布鲁在这里分析的是定产量的重复古诺博弈的合作问题，类似地，兰普森（Lambson，1987）使用简单策略组合分析了在一定价格的重复博弈中的合作问题。他证明了在后一种情况下，“大棒加胡萝卜”策略同样是最严厉惩罚的均衡。

与有贴现的无限次重复博弈相关的另一个重要结论是由富顿伯格和马斯金在 1986 年发表的有贴现的完美无名氏

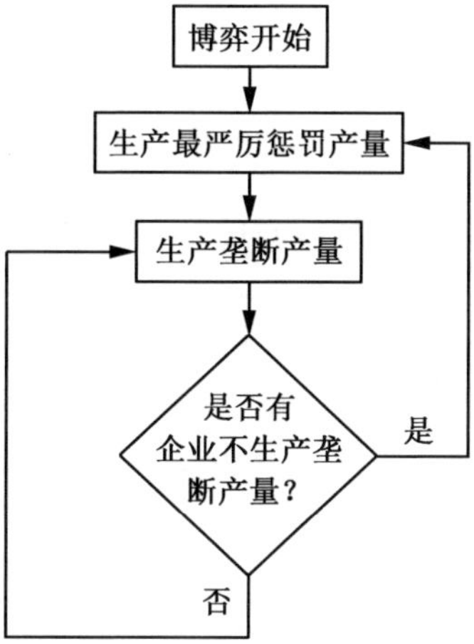

图 1—12 "大棒加胡萝卜"示意图

定理。他们证明，在一些限制条件下，奥曼和夏普里以及鲁宾斯坦的经典结论在 $\delta<1$ 时仍然成立。

定理五［有贴现的完美无名氏定理（Fudenberg and Maskin，1986）］：令 $G=(A_1,\cdots,A_n;\pi_1,\cdots,\pi_n)$ 为一有限博弈，F^+ 为一个 n 维的可行的个人理性支付的集合，则对任何一个可行的、严格的个人理性的支付 v（即 $v>\underline{v}$），存在一个 δ'，对所有的 $\delta\in(\delta',1)$，v 是无限次重复博弈 $G^{\infty}(\delta)$ 的某一个特定子博弈完美均衡的支付现值。

我们设 v 为 F^+ 内部的一个点，存在一个行动组合 $c\in A$，使得 $\pi(c)=v$。选择 $\varepsilon>0$ 及 n 个向量：$v(j)=(v_1+\varepsilon,\cdots,v_{j-1}+\varepsilon,v_j,v_{j+1}+\varepsilon,\cdots,v_n+\varepsilon)$，其中 $v(j)\in F^+$，$j=1$，

$\cdots,n$。假定行动 b^j 满足 $\pi(b^j)=v(j)$，行动 m^j 是其他参与人对参与人 j 的最严厉惩罚。且令 $\Delta j=\max\limits_{a\in A}\pi_j(a)-v_j$，$j=1,\cdots,n$，则当 δ 足够高时，下述简单策略组合所描述的路径是 $G^\infty(\delta)$ 的一个子博弈完美均衡：在均衡路径上，重复行动组合 c；参与人 j 的惩罚路径为一开始是 k 个时期的 m^j，然后永远选择 b^j。k 要足够大，以保证对每个 j，$k\cdot(v_j-\underline{v}_j)>\Delta j$。我们可以看出，在均衡路径上，没有一个参与人有越轨的意愿，因为他将面临 k 个时期的最严厉惩罚。当博弈处于参与人 j 的惩罚路径时，j 本人也没有改变行动的意愿。在前 k 个时期，参与人 j 的最大支付也就只有 $\underline{v}_j$；在 k 时期，参与人 j 的短期最大化的最优行动选择是 a，得到超额支付 Δj，但随后引起的 k 期 m^j 导致的损失却大于 Δj，得不偿失。ε 是对参与人 $i\neq j$ 的一种“奖励”，同时也是一种“约束”。如果参与人 i 企图最大化他的当期支付，他就会永远失去 ε；当 δ 足够高时，他就会发现越轨是一种不理智的行为。

前面我们讲到的都是无限次重复博弈的情况。长期以来，有限次重复博弈并没有引起理论界太多的兴趣，因为根据倒推法，有限次重复博弈 $G^T(\delta)$ 的子博弈完美均衡只不过是 G 的静态纳什均衡重复 T 次而已。当 G 只存在一个静态纳什均衡时，这一结论是对的。但贝诺特和克里沙（Benoit and Krishna，1985）以及弗里德曼（Friedman，1985）发现在更为一般的情况下，该结论并不成立。贝诺特和克里沙证明，

如果在 G 中存在多个纳什均衡，且对每个参与人来说这些均衡的支付水平并不统统相等，则当 T 足够大时，也存在一个类似的无名氏定理。

有限次重复博弈的无名氏定理（Benoit and Krishna，1985）：假定①对每个参与人 i，G 存在两个具有不同支付水平的纳什均衡，②F^+ 的维数为 2，则对任何一个可行的个人理性支付 v，存在一个 T_0，当 $T>T_0$ 时，v 是 $G^T(\delta)$ 的一个特定子博弈完美均衡的平均支付。

这个定理的证明过程也要用到有贴现的无限次重复博弈的有关理论。事实上，我们还可以对他们的结论作进一步扩展：如果对每个参与人 i，G 存在两个具有不同支付水平的纳什均衡，则 $\lim\limits_{T\to\infty}V^T(1)=\lim\limits_{\delta\to 1}V^\infty(\delta)$。这一结论与参与人的个数或 F^+ 的维数无关。

1.5 不完美监督的重复博弈

即使是在合作理论的发展早期，研究人员也早已不满足于完美监督的博弈所涵盖的范围。在许多有实际意义的经济范例中，假定参与人之间能互相观察到过去的行动都是不准确的。事实上，参与人 i 观察到的往往都是一些随机变量的结果（如团队产出、次品率、消费者投诉的数量、市场价格，等等），而这些变量结果的分布又受到一部分甚或全部参与人的个人行动的影响。就像完美监督的重复博弈一样,在不完美监督的重复博弈方面最早的一些模型也是关于没有贴现(即 δ 值为 1)的博弈的。这方面最早的有鲁宾斯坦(Rubinstein,1979b)、雷德纳(Radner,1981)以及鲁宾斯坦和雅里(Rubinstein and Yaari,1983)的文章,他们证明在各种无限次重复的委托-代理博弈中,是能够解决静态博弈中由于道德风险问题而导致的非效率的。鲁宾斯坦和雅里还指出他们的结论可以进一步扩展,从而得到一个不完美监督下的代理博弈的完美无名氏定理。

格林-波特模型

格林和波特(Green and Porter,1984)以及波特(Porter,1983)的文章是最早研究在参与人仅仅是随机接受有关其他参与人的行动信息的情况下有贴现的重复博弈的论文。当其他人关于无贴现的不完美监督的重复博弈的研究还只是集中在单边不完美监督的时候(委托人的行动不是"私人"的,而是共同知识),格林和波特已经试图研究在 n 个参与人的行动都是私人信息的情况下,是否可能维持一种合作行为,此时参与人是通过观察一些一致的、相关的随机变量来选择自己的行动。他们研究了当价格受市场上的随机因素影响时的古诺寡头垄断模型的情况,答案是肯定的。通过在观察到某些价格之后减少产量,企业可以得到一个隐性报酬函数。对经济学家来说，该模型最吸引人的地方之一是回避了在大多数合谋均衡路径中，对动态统一的行为的预测，转而提供了一种对可观察到的实际问题(如价格战)的可能解释。

波特发现在"触发策略"组合下，可以产生一个令人满意的合谋对称均衡。一个触发策略包括一个产量 q、一个触发价格 P 和一个正整数 T。各个企业由生产产量 q 开始，并继续生产 q，直到价格降到 P 以下。当大家意识到价格低于 P 时，便触发一个 T 期的古诺纳什均衡，然后重新开始合作(直到古诺纳什均衡再次被触发)。为了保证生产产量 q 的合作的实现，到底是短期(T 较小)但经常性的惩罚好呢，还是不经常但较长(T 较长)期的惩罚好呢？波特发现答案随不同的随机需求的分布而不同，但一般令 $T=\infty$ 总是较为理想的，也就是说，永久地回复到阶段博弈的古诺纳什均衡。

阿布鲁、皮尔斯和斯塔奇(Abreu，Pearce and Stacchetti，1986)去掉了触发策略组合的限制条件，并且构造了一般化格林-波特模型的一组博弈的最优纯策略对称均衡。他们发现一个受约束的有效解决方案可以由信号空间(比如寡头垄断例子中的价格空间)中的两个"可接受区域"Ω_1 和 Ω_2 以及两个 q_1 和 q_2 构成。在有效均衡中，只要信号值落在 Ω_1 内，参与人就将一直选择 q_1。否则，选择行动 q_2，只要信号值落在 Ω_2 内，就一直选择 q_2(如落在 Ω_2 外，他们就选择行动 q_1，由此类推）。于是，在最优均衡路径上的行为就是一个有两个状态的简单一阶马尔柯夫过程。为什么有效解决方案会采取这种形式呢？

无限次博弈的均衡的值是以第一期的预期支付和从第二期开始的持续支付来衡量的，后一个值取自对称子博弈完美均衡的值集 $V \in R$。于是，在寡头垄断例子中，假定我们知道期望支付函数 π 和价格的密度分布函数 f，我们的目标就是选择能使 $(1-\delta)\pi(q,\cdots,q)+\delta\int u(P)f(P,nq)\mathrm{d}P$ 最大化的第一期产量 q_1 和持续报酬函数 $u(P)$，并且这个 q_1 是满足激励约束的企业的最优产量（给定当期和未来的报酬）。如果不需考虑激励问题，就只要简单地求解 $u(P)=\max V$ 就可以了。如果一个价格空间的子集所反映的产量更像是短期利益最大化的行为的结果，而不是 q_1，则该子集中的价格信号出现时，就将触发一个低的回报值。例如，假定只存在一个激励约束（也就是说，只有一个备选产量 q'），最佳的惩罚点是有人越轨的可能性 $\dfrac{f(P,(n-1)q_1+q')}{f(P,nq_1)}$ 很高的时候。在这种情况下，设置 $\min V$ 为该价格下的报酬值，并逐步扩大惩罚空间（即价格空间），直到满足激励约束。这个过程就把“惩罚”集中到一个尽可能信息有效的区域 Ω_2。使用一个相对较大的区域和较轻的惩罚会造成效率的损失，因为区域越大，参与人就越难分辨其他参与人行为的好坏。

综上所述，在经过最近一期的最优均衡后，如果参与人观察到价格落在惩罚区域Ω_2，就开始最差均衡；否则，继续最优均衡。最优均衡是在提供充分激励的情况下，选择行动q_1和报酬函数$u(P)$，最大化当期和未来支付的现值；而最差均衡则是在提供充分激励的情况下，选择行动q_2和报酬函数$w(P)$，最小化当期和未来均衡。因此，有效解决方案只需由两个区域Ω_1和Ω_2及两个行动q_1和q_2构成。当价格信号P落在Ω_1内，就选择q_1，否则选择q_2；当P落在Ω_2内，就选择q_2，否则选择q_1。

这种解决方案对参与人的记忆方面的要求是非常低的，他们只需记得在上一期生产了多少产量，价格是多少。

不完美监督下的无名氏定理

在考虑合作的效率之前，先要问的问题是这个合作是否可维持。如果参与人被允许使用R^n中的值作为威胁或许诺，是否所有参与人会选择一个大家预期的行动向量呢？在完美监督的情况下，答案显然是“Yes”：参与人为了逃避严厉的惩罚会做任何事。然而在不完美监督的情况下，参与人的行动也许不会被观察到。比如说，参与人1有三种行动选择a_1、b_1和c_1，给定其他参与人的行动组合，参与人1选择c_1，或是按0.6和0.4的概率随机选择a_1和b_1都不影响最后的公共信号。如果对参与人1来说，选择a_1或b_1的支付都比

c_1 要高，显然是不可能让参与人 1 选择 c_1 的，因为从 c_1 的偏离提高了参与人 1 的当期支付，而同时又不影响到他将来的支付。因此，富顿伯格、列文和马斯金（Fudenberg, Levine and Maskin, 1989）首先加上一个信息方面的假设，以保证当有人发生越轨行为时，大家能够知道。特别地，他们定义了一个“个人满秩”条件：对每个组合 $a \in A$ 和每个参与人 i，矩阵 $k \times m_i$ 的秩为 m_i，该矩阵的每一列是行动组合 (b_i, a_{-i}) 所导致公共信号的概率分布，其中 $b_i \in A_i$。也就是说，对每一个参与人 i 的纯行动来说概率向量是线性独立的。这一条件的目的是保证当参与人可以使用 R^n 中的值作为威胁或许诺时，参与人的行为是“可执行的”。

但要产生一个无名氏定理，上面这个条件还是不够的，因为为了保证大家采取合作行为，当有人越轨时，所有参与人都会遭到惩罚。一个有效的（或接近有效的）合作模型要求当一个人的持续支付下降时，另一个人的持续支付必须上升：剩余应该在参与人之间传递，而不是抛弃。为使剩余从参与人 i 到参与人 j 的传递有效率从而创造激励，我们必须从统计概率的角度分辨出参与人 i 的偏离与参与人 j 的偏离。这一点由“结对满秩”条件来保证：对每一对参与人 i 和 j，存在某些组合 $\alpha \in A$，使得 $k \times (m_i + m_j)$ 阶矩阵的秩为 $m_i + m_j - 1$，矩阵中的前 m_i 列是由向量 (b_i, α_{-i}) 所导致的公共信号的概率分布，$b_i \in A_i$，而后 m_j 列则是由向量 (c_j, α_{-j}) 所导致的概率分布，$c_j \in A_j$。因此，当参与人 i 和 j 这一对子中有任何人发生偏离时，就会出现一个可观察到的组合 α，使得其他参与人知道这两个人之中有人发生了偏离。对于不同的对子，α 并不都是一样的。因此，在三人博弈中，当参与人 1 发生偏离时，我们就会发现对子(1,2)中有人发生偏离，同时又会发现对子(1,3)中有人发生偏离，再加上发现对子(2,3)中没有人偏离，很容易就能确定是参与人 1 发生了偏离。

在附加了这两个满秩条件后，富顿伯格、列文和马斯金证明了一个类似于完美监督情况下的具有普遍意义的无名氏定理，该定理的应用范围并不仅仅局限于纯策略的情况。

不完美监督下的无名氏定理（Fudenberg，Levine and Maskin，1989）：对一个满足上述个人满秩和结对满秩的有限博弈 G，设可行的个人理性支付集合 F^+ 的维数为 n，则对任何 F^+ 内部的闭集 W，存在一个 δ'，对任何 $\delta > \delta'$，$W \subseteq V(\delta)$。

合　作

虽然我们通常都假定这个世界是无限期持续的，但人却不是能“长生不老”的。因此，一个重要的问题就摆出来了：在有限生命的人们之间达成一项可自我执行的协议的可能性有多大？好在人们总是“近似”地认为自己“几乎”是无限次地重复博弈的。一个很重要的原因在于虽然每个人都知道自己的生命是有限的，但没人知道具体的期限是多少。因此，不论某个人已经多老了，只要他在第 t 期还活着，那么人们就有理由认为他在 $t+1$ 期也还在。其次，人们在经济生活中主要是靠企业来相互联系，而企业一般都被假定成无限期持续下去的，企业的所有者的行为也往往是从最大化企业价值出发的。这一点在克瑞普斯(Kreps，1987)关于企业文化的论文中得到了精辟的阐述。然而，如果每个参与人都准确地知道自己博弈的重复次数，那么怎样呢？如果阶段博弈的静态均衡是单一的，结果就不太乐观了。任何一个参与人在他博弈的最后一期都不会采取合作行为，因为其他参与人已经没有机会对他进行惩罚了，根据倒推法，唯一的子博弈完美均衡是大家从一开始就不合作。为了解释现实生活中实际存在的合作行为，克里默(Cremet，1986)提出了一个“更新换代”模型，在这个模型中，假定社会知道在一个人的生命的最后三期，他不会采取合作行为，并且，老年人的不合作是社会所允许的。但是，如果年轻人也采取不合作的话，那么社会就会对他做出惩罚，因为年轻人还要考虑到他将来得到的支付，他就会采取合作的态度。也就是说，在生活中也存在着无名氏定理。坎多尼(Kandori，1989a)指出，如果参与人之间出生时间间隔足够大的话，甚至无须引入满维度约束条件。在前面的讨论中，引入满维度的目的是当被惩罚者遭到惩罚时，惩罚者能得到奖励以使自己不至于连带受累。在坎多尼的模型中，惩罚者将等待越轨者老死，然而又回到初始的合作状态。

在某些博弈中，参与人被分成了许多小组，在该期博弈过程中，参与人将只与自己的组员相互交往，在下一次博弈开始前，参与人又被重新分组。在第 t 期结束的时候，参与人 i 也许会发现他的组员参与人 j 到底做了什么，但其他参与人也许并不知道或只是大略知道 j 做了什么。这使得合作变得更加困难，因为所有的参与人作为一个整体缺乏足够的信息准确和及时地对某个个人的越轨行为做出反应。不过，即使是在这种不充分信息的情况下，可自我执行的协议在很多时候仍然是可能存在的。坎多尼（Kandori，1989b）研究了一个囚徒困境重复博弈的冷酷策略，即开始时选择合作，一直选择合作直到遇上一个不合作的人，然后对以后遇到的人永远选择不合作。他证明当 δ 接近于 1 时这是一个子博弈完美均衡。Okuno-Fujiwara 和 Postlewaite（1989）研究了一个相对具有较好信息环境的情况，他们称之为“本地信息传播过程”。每个参与人都有一个被他的伙伴观察到的“标签”，在第 $t+1$ 期的标签上的信息依赖于该参与人在过去 t 个时期所采取的行动（这样的标签的例子有信用卡、许可证等）。Okuno-Fujiwara 和 Postlewaite 证明了在“本地信息传播过程”及无限个参与人情况下无名氏定理的存在性。坎多尼（Kandori，1989b）在附加了一些条件后，证明在有限的参与人的情况下，无名氏定理仍然成立。近年来社会上的双边行为的社会准则的自我执行越来越引起经济历史学家的兴趣。其中一个典型案例是，在缺乏相关法律的情况下，可自我执行的公平贸易惯例在美国的发展过程（详见 Greif，1989；Milgrom，North and Weingast，1990；Grief，Milgrom and Weingast，1990）。

1.6 小 结

本章的主要目的是为读者提供博弈论方面的一些基本概念和方法。现在博弈论已经日益成为主流经济学的一部分，纳什、泽尔腾和海萨尼三位博弈论专家就是由于在这方面所作的突出贡献而获得 1994 年的诺贝尔经济学奖。近十多年来，重复博弈成为博弈论研究的热点，许多学者发表了这方面的研究论文；虽然大多数重复博弈模型都非常的简单和抽象，但这些论文的研究成果已使我们看到了令人鼓舞的前景。

特别地，我们对最优可自我执行的协议的认识和理解也越来越深刻。我们知道，在静态博弈中，纳什均衡的多重性是个令博弈论专家大为头痛的问题；但令他们惊喜的是，这个曾令他们大为头痛的东西在动态重复博弈中帮了他们大忙：如果不存在多重均衡的话，可自我执行的合作协议是不可能的。非合作博弈和无名氏定理是博弈论中极为重要的内容之一。我们所生活着的这个外部经济环境的很多方面都可以用非合作重复博弈模型来描述,而无名氏定理的存在性说明了在法律所不能约束到的许多地方,我们可以自发地达成一个可自我执行的合作协议。

2　可自我执行的协议：一个定义和理论模型

2.1　引　言

如果一项协议并不需要求助于第三方的干预或其他自愿的手段就能被协议双方加以执行，那么这个协议就被定义成“可自我执行的协议”(self-enforcing agreement)。这里的“协议”可以被解释为契约或承诺，同我们以前所述一样，契约或承诺可以是书面的，也可以是隐含的默契。对于可自我执行的协议而言，协议双方自己决定是继续执行协议的条款还是终止协议关系；同样，因为没有第三方的介入，一方是否违背了协议条款的规定则完全依赖于另一方的判断，如果一方认为另一方有违背协议条款的行为，那么这一方唯一的追究只能是终止协议。

我们将运用经济学方法来讨论这种可自我执行的协议。这里假定：①信息是不完全的，协议双方对于对方的“合作”诚意并不完全知道；②依赖第三方的干预来执行协议条款是有很大成本的；③与社会学或其他人文科学的假定不同，经济学在人性方面采用了“经济理性”的假设，人是否诚实、是否可信赖并不是事先假定的常量，而是一种函数。一个人诚实，当且仅当诚实比不诚实更合算；一个人可信赖，当且仅当被信赖对他是有利可图的。

这些假定的含义是：

第一，当依靠第三方（司法机关）来强制执行一项协议的成本较大时，协议双方就会寻求一种更节省成本的执行方法。如果协议在条款上的“设计”能诱导双方自觉遵守协议的话，那么这种可自我执行的协议就是协议双方对第三方执行费用的一种理性反应。

第二，对于可自我执行的协议来说，一方是否会违反协议条款的规定或不遵守协议，取决于他（她）的“个人计算”：违反协议的收益是否大于由于被对方发现自己的违约行为从而终止协议所带来的未来利益的损失，后者是违反协议的成本，它等价于未来收益的贴现值。因此，只要违反协议的现期收益大于由终止协议所造成的远期连续收益的贴现值，他（她）就会“选择”违约。从这个意义上说，当且仅当协议双方都认为遵守协议是各自的利益之所在，他们才会继续遵守协议而不是违背协议。

第三，基于以上分析，并将第三个假定与之相联系，我们会发现，如果某个交易协议或合约双方发现他们的交易关系不太可能在未来"重复"，也就是说，如果双方认为他们现在的交易是一次性交易或最后一次交易，那么未来收益的损失就可能微不足道，在这种情况下，违约成本似乎很低，从而双方违约的概率就很大。在讨论"重复博弈"理论时我们知道，即使交易是可重复的、持久的，但只要交易双方都知道交易将在何时结束，其结果将因为"倒推原则"而与"一次性博弈"相同。因此，协议一方是否诚实、是否可信赖同样是不能预先确定的。如果双方确信交易关系是可无限重复的（并没有终止时间），那么他们就会"选择"遵守合约的策略，他们就是诚实的和可信赖的；反之，如果双方知道他们的交易关系是一次性的，那么他们就会发现选择不诚实和不可信赖是"上策"。从这个意义上说，协议双方是否具有合作的诚意、有多大的合作诚意，与其说是人性问题，不如说是成本问题。当"合作"变得无利可图时，人们就会选择"不合作"。这也是经济学家的"道德观"[1]。

---

① 关于商业道德的一个经济学解释，可参见张军（1998a）。

2.2　一个理论模型

在这里，我们依据泰尔瑟（Telser，1980）的工作建立一个分析框架，并借以讨论可自我执行的合约[①]的实现条件。

令 u_j 为一方在签约时间 j 的净收益，T 为协议终止的时间。当然，协议的终止可能因为协议的任何一方愿意终止，或者因为双方无法控制的原因而终止，在这里，我们先从后一原因开始讨论。为此，再令 t 为合约的持续时间，p_t 为合约终止于 t（即 $T=t$）的概率，既然 T 是由合约双方无法控制的因素而使合约终止的时间，因此，p_t 并不取决于合约各方的收益，但合约迟早会终止，因为

$$\sum_{0}^{\infty} p_t = 1 \tag{2—1}$$

令 q_t 表示合约持续时间超过 t 的概率，那么

$$q_t = \sum_{t+1}^{\infty} p_j \tag{2—2}$$

合约的预期持续时间或持续时间的期望值 $E(T)$ 将满足

$$\mathrm{E}(T) = \sum_{0}^{\infty} t p_t = \sum_{0}^{\infty} q_t \tag{2—3}$$

从（2—3）式可知，E（T）可以是无限的。

如果合约终止于 t，那么合约方在开始签约时（$j<t$）的

---

① 我们有时用“合约”一词替代“协议”。

收益即 u_j 并不取决于 t。现在我们来计算合约方的收益期望值。让我们定义 s_t 为：

$$s_t = \sum_{j=0}^{t} u_j \tag{2—4}$$

也就是说，如果合约的持续时间为 $t+1$，那么合约的执行将给合约带来的净收益之和为 s_t。但因为贴现的原因，u_j 的现值将随 j 的增加而减少。获得 s_t 的概率为 p_{t+1}，所以 $p_{t+1}s_t$ 为合约持续时间 t 的净收益期望值：

$$\mathrm{E}(u) = \sum_{0}^{\infty} p_{t+1}s_t \tag{2—5}$$

以上我们讨论的是这样一个问题，合约关系仅仅因为双方无法控制的原因才可能终止，在这种情况下，只要没有这种超出合约双方的外在因素使合约终止，这种合约就是一种可自我执行的合约。

接下来我们讨论第二种情况，即合约关系的终止是由于合约的一方认为终止合约是自己的利益。令 δu_t 为合约一方在时间 t 决定终止合约的净利益增量，再令 $\delta u_t = (0,\cdots,0,\delta u_t - u_{t+1} - u_{t+2},\cdots)$，合约一方在 $t+1$ 以后决定终止合约的净收益为 $u+\delta u^t$，这里上标 t 表示违约发生的时间。因此，终止合约的净收益期望值为：

$$\mathrm{E}(u+\delta u^t) = \mathrm{E}(u) + q_t\delta u_t - \sum_{t+1}^{\infty} q_j u_j \tag{2—6}$$

从(2—6)式可以推论，维持合约关系的收益要大于终止合约关系的利益，必须使：

$$E(u+\delta u^{t})-E(u)=q_{t}\delta u_{t}-\sum q_{j}u_{j}\leqslant 0 \qquad (2-7)$$

(2—7)式告诉我们，要使这个合约变成可自我执行的，必须决定是否存在着一个满足(2—7)式的序列$\{u_t\}$使得 E(u)的值充分大。事实上，(2—7)式是一个可自我执行合约的必要和充分条件。

对于一个可自我执行的合约来说，序列$\{u_t\}$的特征需要稍加探讨。假定 Su_t 和 u_t 反向变动，并令

$$Su_{t}=\alpha_{0}-\alpha_{1}u_{t} \qquad (\alpha_{0},\alpha_{1}>0)$$

如果 $u_t\geqslant\alpha_0,\alpha_1$，那么 $\delta u_t\leqslant 0$，所以要使一个合约是可自我执行的，u_t 的值必须超过α_0/α_1。这个条件可以一般化，只要 δu_t 和 u_t 反向变动，那么当 u_t 足够大的时候，合约便是可自我执行的。

另一种假定是，δu_t 与 u_t 成比例变化，令：

$$\delta u_{t}=\beta u \qquad (\beta>0)$$

在这种假定下，合约是可自我执行的充要条件便是：

$$\beta q_{t}u_{t}\leqslant\sum_{t+1}^{\infty}q_{j}u_{j} \qquad (2-8)$$

(2—8)式表明，为了使上式成立，右边的数列不能收敛得太快，这意味着，要使一个合约变成可自我执行，合约关系的时间必须足够长，或者说，合约双方的时间限界必须足够长。

这里我们讨论一种常见的情况，厂商作为劳动的买方与

工人作为劳动的卖方之间的默契问题。我们假设工人开始时愿意接受较低的工资是因为工人的主要目的是为了在该厂商那里不断学习技能，他牺牲的一些眼前的工资收入等价于他在为了自己的人力资本进行投资，期望日后获得更高的回报。如果厂商日后并不愿意向他支付更高的工资，那么工人可以辞职，终止他们之间的默契。另一方面，厂商如果在实习期支付工人高于其边际产品的工资水平，那么厂商也就部分地承担了工人的人力资本投资的一部分成本，因此，厂商自然也期望日后能够获得这部分投资的回报，这表现为厂商日后支付给工人的工资应低于其劳动的边际产品。如果日后工人辞职不干，那么厂商便丧失了对工人人力资本的部分投资。因此，这里出现了一个如何能够在买卖双方之间形成一个可自我执行协议的问题，即默契问题。

接下来我们做这样一些设定。买方期望在时间 t 对其支出 x_t^* 能得到一个回报 b_t^*；卖方希望在时间 t 牺牲一个成本 a_t^* 以期获得一个回报 x_t^*。卖方的净利益为 $v_t^*=x_t^*-a_t^*$，但买方的预期净利益 b_t^*，则取决于由卖方承担的预期成本 a_t^*。a_t^* 越小，b_t^* 也越小。如果买方获得了 b_t^*，但其支出 $x_t<x_t^*$，那么，可以说买方违反了协议。因此，买方得到：

$$u_t=b_t^*-x_t>u_t^*=b_t^*-x_t^*$$

以及

$$\delta u_t=u_t-u_t^*=x_t^*-x_t\leqslant x_t^* \qquad (2-9)$$

若卖方支出的成本 $a_t < a_t^*$，但从买方那里获得的利益为 x_t^*，那么卖方违反了协议。因此，卖方得到：

$$v_t = x_t^* - a_t > x_t^* - a_t^* \qquad (2-10)$$

卖方的净利益为 δv_t，这里，

$$\delta v_t = v_t - v_t^* = a_t^* - a_t \leqslant a_t^* \qquad (2-11)$$

如果买方在时间 t 违反了协议，那么卖方可以对买方施以终止协议的惩罚。所以，买方得到了 δu_t，但牺牲了维持与卖方关系所能获得的预期利益。同样，如果卖方欺骗了买方，那么买方可以终止与卖方的交易来惩罚对方。事实上，(2—7)式在这里仍然适用。对买方来说，当且仅当对所有的 t 来说，$\mathrm{E}(u + \delta u) \leqslant \mathrm{E}(u)$ 总是成立，那么买方可以通过维持与卖方的关系获得最大的利益。利用(2—9)式，我们可以推导出买方遵守协议的充分条件是：

$$q_t x_t^* \leqslant \sum_{t+1}^{\infty} q_j u_j^* = \sum_{t+1}^{\infty} q_j (b_j^* - x_j^*) \qquad (2-12)$$

换句话说，买方愿意遵守协议的条件：存在$\{x_t^*\}$，满足

$$\sum_{t}^{\infty} q_j x_j^* \leqslant \sum_{t+1}^{\infty} q_j b_j^* \qquad (2-13)$$

同理，卖方遵守协议的充分条件是：

$$q_t x_t^* \leqslant \sum_{t+1}^{\infty} q_j v_j^* = \sum_{t+1}^{\infty} q_j (x_j^* - a_j^*) \qquad (2-14)$$

不过，值得注意的是，在讨论买卖之间的这个协议时，我们只是说，每一方遵守或者违背协议取决于他们对欺骗对方

获得的眼前利益与遵守协议带来的预期利益的对比。因此，执行协议的概率并不取决于双方过去的关系记录。如果卖方依赖过去的经历积累起来了“信誉”，但这并不保证卖方不欺骗买方。我们以上的讨论意味着，让双方执行协议的是未来预期收益的损失而不是过去积累起来的信誉。如果认为信誉的存在会防止欺骗，就与我们本章开始时的“理性”假定有悖了。

到目前为止，前面的讨论主要是针对交易双方的协作或合约而言的，事实上，还有一种协议是指双方共同参与某个活动的诚意和承诺。他们之间并没有交易关系，但他们需要齐心协力相互合作才能保障这个活动的成功。

合作性承诺对于许多人共同参与生产活动的团队更是至关重要，在这种情况下，生产力的提高需要每个人积极努力，彼此之间采取合作性态度并忠实于自己的承诺。在这里，我们还以多次提到的法国人古诺(Cournot，1883)提出的双垄断均衡作为例子，讨论一下两个厂商如何能够彼此合作，建立一个合谋的协议。

古诺给出的例子是两家生产矿泉水的厂商共存于同一个市场。他们可以采取合作性策略，共同分享这个市场，他们也可以采取不合作性策略，每个厂商在考虑对方如何行动的前提下独立地选择最有利于自己的最大化策略。古诺的理论认为，这两个厂商不可能达成一个合谋的协议，因为任何一方总是可以通过违反协议获得更大的利益，尽管总体上说双方合作比竞争更有利。

但是，古诺的上述结论仅在有限的时界内才能成立。因为如果双方认为它们合作的时间是有限的，将终止于某个时间，那么在最后时刻双方必然都选择不合作策略，因为在此时间以后惩罚已经不可能。根据“倒推”原理，他们必然从一开始就选择不合作策略。不过，如果双方并不确切知道时界的长短，也就是最后的时间并不为双方所知，那么上述古诺的结论就不再成立。我们将说明，时界的不确定性将使一个可自我执行的合作协议（合作的默契）成为均衡。

我们仍然用 u_j 表示厂商在时间 j 与对方厂商合作所预期的收益，显然，

$$\mathrm{E}(u) = \sum_{0}^{\infty} q_j u_j \qquad (2-15)$$

（2—15）式给出了合作策略的净收益的期望值。令 v_j 代表厂商在时间 j 不合作的收益，这里 $v_j < u_j$，并且

$$\mathrm{E}(v) = \sum_{0}^{\infty} q_j v_j \qquad (2-16)$$

（2—16）式给出了厂商不合作的净收益的期望值。现在假设双方在 $t-1$ 之间一直是合作的，而厂商在假定对方仍然继续执行协议的条件下在时间 t 突然违反协议，这时候，他的收益为 $u_t + \delta u_t > u_t$，但由于他违反协议，那么此后对方将终止协议作为惩罚，这意味着该厂商将丧失未来的收益 v_{t+1}，v_{t+2}，

…。令 $E(u+\delta u^t)$表示违反合作协议的收益期望值,那么,

$$E(u+\delta u^t)-E(u)=E(v)_{t+1}-E(u)_{t+1}+q_t\delta u_t \quad (2-17)$$

这里,$E(u)_{t+1}$ 和 $E(v)_{t+1}$ 分别为:

$$E(v)_{t+1}=\sum_{t+1}^{\infty}q_j v_j,\ E(u)_{t+1}=\sum_{t+1}^{\infty}q_j u_j$$

因此,合作协议要成为可自我执行的默契,当且仅当 $E(u+\delta u^t)-E(u)\leqslant 0$,这等价于对所有的 t,我们有:

$$0<q_t\delta u_t\leqslant E(u-v)_{t+1} \quad (2-18)$$

如果令 $q_t=(1-p_0)^{t+1}$,$\delta u_t=\delta_2$,$u_t-v_t=\delta_1>0$,那么合作默契的上述充要条件变为:

$$\delta_2\leqslant\delta_1(1-p_0)/p_0=\delta_1 E(T) \quad (2-19)$$

因此,给定常数 δ_1 和 δ_2,双方预期的时界越长,双方遵守合作协议的可能性就越大。

2.3 就业关系中的“默契”

在经济学中,虽然劳动力市场一直是宏观经济学研究的主要问题之一,但就业关系却长期以来是微观经济学的一大兴奋点。就业关系(劳动者与雇主的关系)和就业制度的演变不断给经济学家提出新的有待解释的问题。而许多重要的经济学理论也就是在努力解释这些问题的过程中逐步产

生了。

例如,在劳动力市场上,大量的观察表明,就业关系的发展使工资逐步变成了就业合约中的一个可能并不太重要的内容,许多非工资的内容如养老金、退休金、晋升机会、就业保障等变得越来越重要起来。如果我们将工资视为就业合约中的显而易见的内容,那么不妨将以上这些非工资内容视为就业合约中的默契部分或隐含内容。于是,这就产生了一些问题:既然这些非工资的内容仅仅是企业向工人做出的隐含承诺或默契,并且在法律上并不具有约束力,那么它们为什么会在就业关系上变得如此重要呢?传统就业关系如何由这些默契的存在而得以维持?我们如何才能解释这些默契对于解决劳动就业关系中的"偷懒"问题的意义?

本节我们将介绍一些在劳动力市场和就业关系中发展起来的隐含合约理论和可自我执行协议的思想,借助于这些理论概念和分析框架,我们将讨论这些理论的发展如何解释就业关系的演进,特别是从一般意义上怎样帮助我们理解就业制度的发展是如何克服就业关系中最为基本的"偷懒"问题的,换言之,我们将通过对劳动就业关系的介绍(Carmichael,1989)来讨论关于"默契"的经济学分析。

一般而言,如果一个协议在法律上是执行的,那么对未来行为的约束必须是以可识辨的变量为条件的。这些变量或者由企业或者由工人或者由第三方(如法院)能够明确地确认。在就业合约中，这些可辨认的变量可能包括工资率、工作时间等，也存在另一些也许工人或企业是可以辨认的但第三方（法院）却难以辨认的变量。这类变量可称为“无法辨认的变量”，包括工人的努力程度、监督者的监督水平等。一个隐含的协议（即承诺）未必仅对可辨认的变量做出。事实上，一个企业可能承诺嘉奖工人努力工作，尽管工人的努力程度是难以得到辨认的。

在以上对可辨认变量和不可辨认变量做了简单区分的条件下，让我们构造一个简单的就业关系框架。假定一个企业和一个工人建立了一个持续多年的就业关系，工人承诺提供一定水平的努力，企业承诺奖励工人。这里我们将工人的努力程度处理为第三方（法院）难以辨认的变量。如果工人与企业签订了一个显明合约，那么其条款仅将说明工资水平和工人的出勤率等这些可辨认的变量。进一步，让我们假定工人承诺将提供某一水平的努力程度，企业承诺将给予工人以嘉奖，这种奖励可以是奖金，也可以是晋升机会或续签合约等。工人的承诺还包括，如果他提供了某个努力程度，但并未得到奖励，那么他将辞去工作。这些隐含的承诺与显明合约的条款一起构成了我们这里分析就业关系发展模式的一个基本理论起点。

我们可以利用“可自我执行的协议”来研究这种就业关系。根据在上一节介绍的理论，我们在这里可以说，当且仅当履行承诺是每一方的利益所在，上述承诺才会变成可自我执行的协议。用博弈论的语言来说，当企业和工人的这些承诺构成一个“子博弈完美均衡”（subgame perfect equillibrium）时，这些承诺才成为一个可自我执行的协议，尽管这些承诺并不能在法律上得到执行。一个可自我执行的协议在这里是指这些承诺虽然在法律上是不具约束力的但却是可信的，每一方都深信对方的承诺是可以兑现的。因此，要保证这些在法律上不具约束力的承诺变成现实上是可兑现的，我们必须讨论履行这些承诺在什么条件下是企业和工人各方的利益所在。

根据我们在上一节对“可自我执行的协议”的讨论，一个隐含的合约条款要成为可自我执行的一个必要条件是，双方遵守这个隐含合约能够获得比违反这个合约更大的利益或剩余。对这个企业-工人就业关系来说，只有当工人认为就业关系的持续能给其带来更多的利益而企业认为就业关系的持续不会带来更少的利益时，这个关系才是可维持的，这就意味着维持双方的就业合约必须能产生一个“剩余”。

进一步假设企业向工人承诺只要工人努力工作就将获得奖金。当且仅当工人认为这个奖金足以抵偿偷懒的个人利益（效用）时，这个承诺才能有效地制止工人的偷懒行为。然而，如果在这种条件下，企业声称工人偷懒了并停发奖金，那么工人所能做的唯一对策就是辞职。工人的辞职将使企业从工人努力工作中所可能获得的未来利益变为零。因此，只要企业因工人辞职而丧失的未来利益的贴现值超过企业支付给工人的奖金，工人对企业的这个辞职威胁要成为可信的，就必然意味着工人认为他在别处可能赚得的收入会超过这个企业的支付水平，而企业则认为它维持与这个工人的关系会使企业比维持与他人的关系获得更大的利益。因此，他们之间的这个关系必须能产生出一个“剩余”，而需要这么一个“剩余”又是因为企业和工人双方都被隐含地假定为“会违约的”，这就回到了我们在上一节对“诚实”的定义了。在那里我们并不假定诚实是一个完全可靠的“常量”，这与社会学或其他人文科学的假定不同。经济学在“人性”方面采用了“经济理性”的态度，并认为人是否诚实和可信赖取决于被人信赖或诚实对其是否有利益：一个人诚实取决于诚实比不诚实更“合算”。

就业关系的可持续性显然需要有就业双方可以分享的“剩余”利益。那么，这种剩余的来源是什么呢？根据卡米歇松(Carmichael，1989)的分析，事实上存在着有很多“剩余”的来源。

(1)人力资本的专用性。合约关系的中止将意味着双方为了寻求新的合作伙伴而必须承担的人力专用资本的损失。人力资本的专用性越强，特定就业关系产生的“剩余”就越大。

（2）名誉。名誉也会产生一种“剩余”。例如，如果一个工人经常被企业解雇，那么别的企业就趋于认为这个工人偷懒成性而将其拒之门外。同样，如果一个企业经常解雇工人，那么这个企业似乎就要付出更高的工资才能雇用到新的工人。因此，工人和企业都会十分注意自己的名誉，名誉的存在自然就产生了一种“剩余”利益。

（3）失业的压力。一个失业的工人可能在找到工作之前会忍受一段时间的失业压力，因此，即使所有的企业都支付相同的均衡工资，工人对失业的担心也会使自己努力工作。

（4）违反承诺的心理负担。也许对经济学来说这是不太重要的来源之一，但必须承认，人们确实会因为没有兑现承诺或欺骗而产生负罪感。

企业与工人如何分享这种剩余的方式是至关重要的，因为它决定了就业合约的形式（Macleod and Malcolmson, 1989）。假定失业的压力是“剩余”的一个来源，在这种情况下，当劳动力市场吃紧并存在着大量空位时，企业可以以奖金形式来激励工人努力工作。工人也会相信企业的承诺，因为工人知道解雇是不太可能的并且解雇的成本对工人而言很低但对企业而言却很高。但如果劳动力市场上存在大量的失业劳动力时，工人也不会相信企业的奖金承诺可以兑现，在这种情况下，企业只付固定工资再加上解雇威胁就足以激励工人努力工作了。显然，在吃紧的劳动力市场条件下，企业一方获得更多的剩余份额，而在高失业率的条件下，工人一方获得更多的剩余份额；因为在低失业率情况下，维持现行的就业关系对企业更有利，而在高失业率情况下，维持现行的就业关系对工人更有利。

在设定了就业关系的基本的博弈论框架之后，现在让我们进一步分析“固定退休时间”的博弈结构。在就业关系中，企业与工人双方应该知道在将来的某一时点上双方的就业关系就将结束。因为，第一，随着时间的推移，就业关系的时间长度将逐步缩短，从博弈论的角度看，博弈关系的持续时间缩短会改变博弈的性质，从而上面所讨论的隐含合约有可能不再是可自我执行的。第二，一旦双方知道就业关系的终点，双方就不再希望能从进一步维持合作关系中获得利益。这就会给“剩余”的来源构成严格的限制条件。为了进一步分析这一问题的性质，让我们在就业关系中引进“固定退休日期”(fixed retirement date)，从而讨论一个“生命周期”的激励问题。

设想这样一个模型(Becker and Stiglitz，1974；Lazear，1979；Carmichael，1989)。工人有两种不同的努力水平可以选择，企业对工人的监督是随机进行的。如果工人在工作中偷闲，他被发现的概率为 $p(0<p<1)$；在工人工作的整个生命周期里假设共受到 T 次监督，最后一次监督发生在他退休之前。

现在的问题是，要决定现在的选择，工人与企业双方都关心在未来的时间内会发生什么。一个基本的假定是，要形成对未来可能会发生什么的预期，人们要设身处地把自己放到对方的位置上去考虑问题，从这个角色转换中猜测对方可能会作什么样的选择。根据重复博弈的基本原理，我们先考虑双方会在最后时期做出什么选择。一旦知道"最后时期"双方的选择，然后利用"倒推"原理就可以知道倒数第二个时期双方会采取什么策略，以此倒推，我们就可以"解开"这个重复博弈模型。

首先，因为在这个就业关系中，工人知道在将来某一天他就会退休回家，因此，这个有终点的重复博弈不能保证固定工资合约会阻止工人的"偷懒"。工人知道不管自己是否偷懒，到了退休时间他必须退休回家，也知道在退休之前的最后一个时刻他也不会被企业监督。在这种情况下，企业唯一能阻止工人偷懒的方式就是将工人的报酬部分地与他最后时刻的表现挂起钩来。例如，企业可以保留一部分收入用作在工人退休前给予工人的奖励，它可以作为退休金也可以作为一次性奖金奖励给工人，以防止工人偷懒行为的发生。

但是，企业方必须也能从上述安排中获得"剩余"，因为不然的话，企业在工人退休时就不可以说工人偷懒了从而不支付退休金或一次性奖金。那么这个剩余从什么地方来呢？因为双方的关系不管工人的表现如何，在某个特定的时间上必然中止，所以人力专用资本、失业压力和违约的心理负担等都不可能成为“剩余”的来源，唯一剩下的源泉大概就是名誉了。

企业的名誉产生于工人对企业缺乏完全的信息，所以工人对企业行为的预期只能建立在对企业过去行为的观察基础上。如果一个企业过去经常克扣工人的退休金或不能兑现其承诺，那么工人也会怀疑企业今后仍然会这么做，从而企业在工人眼中就会形成一个坏名誉。在这种情况下，企业就会发现雇用新工人和防止工人的偷懒变得困难起来。实际上，名誉在这里可以视为由过去和现在的行为所累积起来的一种资产，它将会持续地在未来时期内产生回报。

但是，如果要企业真正关心它的名誉，就必须让它能从现存的就业关系中获得一种“准租金”(Klein and Leffler, 1981; Shapiro, 1983)。不然的话，如果一个企业可以毫无代价地退出一个产业或重新进入一个产业，那么企业就不必介意其名誉。关于“退出成本”问题，我们后面将专章讨论。

现在让我们讨论一下在以上给定的固定退休时间的框架内工人在退休前应该被支付什么工资水平。假设显明合约规定了工人的最低工资，用 W_m^T 表示在时期 T 的最低工资。工人在别的企业就业可赚得的工资为 W_a。企业承诺如果工人努力工作就会在时期 T 内向工人支付奖金 B^T，最后再设定工人提供最低努力的净收益为 C，共有 T 个时期，被

监督的概率仍为 p。

显然，只要努力工作的预期收益大于偷懒的收益，工人就会在最后时期努力工作。如果他努力，他知道他可得到 $W_m^T+B^T$；如果他偷懒，他得到 C 和最低工资，因此，他偷懒的预期收益为 $W_m^T+C+(1-p)B^T$。因此，让工人在最后时期努力工作的解是：

$$W_m^T+B^T \geqslant W_m^T+C+(1-p)B^T$$

即
$$B^T \geqslant \frac{c}{p}$$

也就是说，工人的奖金必须大于或等于偷懒的净收益除以被发现偷懒的概率。

与此同时，我们也要保证老实的工人不想在最后时期辞去工作，这要求他的工资应该至少与他可能在别处得到的收入水平相当，即

$$W_m^T+B^T \geqslant W_a$$

既然这个就业关系最后阶段的策略已经讨论过，那么现在就需要讨论一下倒数第二阶段的对策问题。在这个阶段，企业自然有另外一个选择，即如果工人偷闲，他将被开除。企业的这个威胁只有当工人因为被开除而有所失时才可能影响其对劳动努力程度的选择。然而，根据上面的逻辑，既然工人在下一个阶段仅能得到与在别处同样多的工资，那他当然对企业的威胁无动于衷。但是，假定企业承诺，如果工

人不偷懒，那么他可获得在别处能赚得的工资，他一旦偷闲，则仅能获得与最后阶段的最低工资相同的工资，这将会防止工人偷懒。这个逻辑可以倒推到初始阶段，其结果必然是工人的工资在每个时期（阶段）都相等。

现在假设每个阶段的合法最低工资低于工人在别处能赚得的工资水平。为了防止工人在最后阶段偷懒，企业必须向工人支付高于其别处能赚得的工资水平，即：

$$W_m + C/p > W_a$$

在这种情况下，一旦工人被发现偷懒并被开除，他将在最后阶段仅获得在别处能赚得的工资（小于在该企业的工资水平），因此，开除的威胁对工人构成的一个惩罚成本为：

$$W_m + C/p - W_a$$

这又意味着： $W_m + C/p - W_a + B^{T-1} = C/p$

或 $$W_a - W_m = B^{T-1}$$

这就是说，不偷懒的工人在倒数第二阶段获得他在别处能赚得的工资，而偷懒的工人则仅能获得最低工资 W_m 并被开除。根据倒推法，企业在第一阶段到第 $T-1$ 阶段的工资策略应该是一样的，也就是说，工资的时间曲线是水平的。

最后值得一提的是就业关系方面的“锦标赛模型”。在劳动力市场或就业关系的文献中，第一个发展出锦标赛模型的是拉齐尔和罗森（Lazear and Rosen，1981）。他们的模型认为，将工人量入一个高度竞争的环境，可以在工人一方诱导出类似计件工资制那样的努力水平。当然，只有当产出容易计算的时候，锦标赛才能起到有效的作用。

在“可自我执行”的合约（即默契）模型中，锦标赛发挥着一个不同的作用，它在企业与工人的就业关系中会产生出一个“剩余”。

工人之间的锦标赛给默契引入了一个“第三者”。要弄清楚这个问题，让我们考虑一下一阶段博弈。假定企业雇用了 M 个工人。与以前一样，我们假定有一个最低工资 W_m，这是企业为工人所支付的最起码的工资。企业承诺向 M 中的 N 个工人支付“奖金”B，这个 B 可以理解为晋升机会，或者是某个奖励的形式（如奖杯、奖状）。奖金获得者的人数、奖金的数量和最低工资都假定为可辨认的，因而可以明确地写在就业合约当中。企业承诺为那些努力工作的工人嘉奖，而工人承诺努力工作。

为了弄清楚这个合约的性质，我们要注意工资和奖金总额是事先规定了的，即企业向 M 个工人支付工资，向 N 个工人支付奖金，在这种情况下，到底会有多少人在工作中偷懒是无所谓的，所以企业并无故意歪曲偷懒工人人数的动机。

假如工人想努力工作，他们必须能确认得到奖金。如果每个工人都认为其他人也将努力工作，那么他自己获得奖金的概率则为 N/M。与前面一样，我们把工人偷懒的净收益用 C 来表示，偷懒被发现的概率为 P，在这种情况下，要保证这个工人努力工作，必须使他努力工作的所得高于偷懒的所得：

$$\left(\frac{N}{M}\right)B > \frac{c}{p}$$

即使每个工人假定他的伙伴会偷懒，上述不等式也足以防止其偷懒行为发生。

这个默契当中怎么会有一个"第三者"呢？当一个工人偷懒时，他获得奖金的可能性就降低了，从而他的境况会恶化。但企业并没有因此而得益，因为所有其他工人都会发现他们获得奖金的可能性增加了。因此，当一个工人偷懒时，真正的第三者是其他的工人。由于工人之间的竞赛，工人成了他们自己的"第三者"。

锦标赛理论可以解释日本的强制退休计划。在一些日本的大公司里，工人的退休时间平均发生在58岁，但社会保障要到65岁才能享受。在58～65岁之间，退休工人可以被返聘工作到65岁。这个制度可以被解释为一种默契或可自我执行的合约，它的优点就在于能够使工人一直积极努力地工作到最后时刻。既然企业对于工人在58岁退休以后是否返聘拥有决定权，那么工人就会一如既往地努力工作到退休时间为止。

2.4 小 结

一个协议（或承诺）只有在当事人认为遵守协议（或承

诺)的未来期望收益大于违反协议(或承诺)的当前收益时才可能变成可自我执行的,在这种情况下,对违反协议行为的唯一惩罚就是终止协议。给定一个序列$\{u_t\}$,时界太短或δu_t过大时,协议(承诺)都不大可能变成可自我执行的。因此,交易关系或合作关系的时界要足够长,或具有不确定的终止时间,这样,一个可自我执行的协议或承诺才能维持下去。如果协议不可自我执行,那么也许需要求助于第三方的干预并强制双方执行协议,但并不总是这样。一般而言,对无强制性协议,可能需要第三方干预执行协议。对于自愿协议,协议双方也许可以寻求其他的替代办法来执行协议,这包括双方答应增加担保或抵押品的条款以确保协议的执行。其实,就厂商与消费者的默契而言,厂商的广告支出也起到一种协议的执行功能,因此消费者会意识到,厂商一旦以生产劣质品来欺骗消费者的话,它将丧失广告投资的未来回报。

默契在当今劳动力市场和就业关系中发挥着越来越重要的作用。对劳动力市场的长期观察表明,企业与工人之间隐含的承诺(默契)虽然在法律上并不能执行,但却是可信的,这些默契维持着就业关系及其发展的方向。

在本章,我们也介绍了过去10多年经济学在劳动就业关系中运用默契理论或可自我执行的合约理论所取得的一些研究成果。这些研究有助于我们理解默契或承诺是如何解决就业关系中的一些最基本问题的。具体地说,以上介绍的这些模型帮助解释了:①大多数企业工人的工资增长曲线为什么较为平坦,②强制退休为什么被许多公司采用,③许多公司为什么使用锦标赛式的晋升竞争方案来诱导工人的勤奋工作,④日本的退休计划为什么能奏效。

3 团队生产、监督与经济组织

3.1 引 言

在合作经济学的文献中有大量研究成果证明，在团队生产（team production）中完全可以实现与私人生产一样的资源配置效率。这些文献指出，从理论上讲，只要满足某些条件，在团队生产中，每个成员的生产积极性就能高于私人生产中的雇员；但是，从经验上来看，虽然也存在着某些较成功的团队生产组织，如西班牙巴斯克省的蒙德拉贡（Mondragon）生产合作社，以及虽然时间不长但确实较为成功的中国农业生产合作社（20 世纪 50 年代初期），可是从总体而言，团队的生产组织（甚至包括前南斯拉夫实践几十年的“工人自治”或“自我管理”的企业制度在内）仍然被大多数人视为一种“乌托邦”，它们要么根本不能成功，要么其成功难以持续。

20 世纪 70 年代以来诸多经济学家对团队生产理论的研究大多指出，团队生产在实践中的失败主要是由团队组织内部劳动与报酬之间相关性较弱以及这一关系的“搭便车”性质造成的（如 Meade，1972；Alchian and Demsetz，1972）。霍尔穆斯托姆（Holmstrom，1982）曾对这一问题作了非常系统的证明。根据归纳，绝大多数经济学家都认识到了完备监督在有效率的团队生产中的重要作用。其言外之意是，由于监督不完备和衡量成本高昂，一个团队生产（如生产队、合作社）往往难以产生出较高的生产效率。

需要指出的是，监督有两种形式：一种是由第三方（监督者）所进行的监督；另一种监督则来自团队的成员自己，可称为“相互监督”（mutual monitoring）。对第一种形式的监督的关注与研究是将团队生产的问题引向了对组织和制度的演进与变化的理论与经验研究，而对“相互监督”问题的关注则旨在研究这样的问题：合作生产或团队生产在什么条件下可以成功？为什么一些合作社曾经或可能成功而另一些合作社以失败而告终？值得注意的是，由于引入了博弈论方法，对第二种监督方式的理论研究在 20 世纪 80 年代以来十分活跃，研究不断深化。我们曾说过，从一般意义上说，对后一问题的研究还与经济学在默契理论或可自我执行的协议理论的发展紧密相连，相互借鉴。在本章，我们主要介绍对第一种监督问题的一些研究文献，然后在下一章集中于对第二种方式的监督问题的讨论，并把后者置入合作生产或团队生产的理论框架中，在那里，我们将结合退出成本、监督和激励等问题来展开由麦克洛伊德（Macleod，1988）发展起来的一个重要的合作生产的博弈论模型。

3.2 监督、信息与组织

我们知道，对于团队生产来说，要素所有者通过专业化分工和合作可以节省市场交易费用。但分工和合作需要建立起一整套协调行为的规则。因为各种投入要素的所有者赖以合作的经济组织要能够发挥其比较优势，必须要能克服或解决两大问题：一是衡量投入的生产力（工作努力的程度）；二是计算其报酬，并使报酬符合投入的生产力。这两大问题归根到底是要能够设计出一种计量的机制，使报酬符合投入的生产力。在许多情况下，市场机制可以解决这个计量问题。例如，一位农民要增加10%的小麦产量，那么在现行价格下，他会增加10%的投入。这种直接的、分权化的市场交换机制之所以能计算出投入的生产力并按这一生产力给予报酬，主要是因为市场报酬的变化会直接影响到他自己的产出责任。但这只对单个人的生产活动才能成立。对于团队生产来说，许多要素的所有者们合作生产某个产品，靠什么方式来计量每个要素所有者的生产力从而给予符合其生产力的报酬呢？如果我们设想这样的因果关系，即适当的报酬制度将刺激与之相对应的生产力，那么计量问题就更加重要了。本小节旨在介绍团队的组织结构如何会随着团队生产的这一深层问题的严重性而做出调整和变迁。

1972 年，阿尔奇安和德姆塞茨（Alchian and Demsetz, 1972）从企业的产权结构的视角研究了团队生产的组织变迁。他们发现，企业的产权结构化可以视为为了克服团队内部各种要素所有者在生产过程中内存在的偷懒和“搭便车”动机的一个“解”。

阿尔奇安和德姆塞茨认为，团队生产的生产关系是各种要素所有者之间的合作关系，他们是作为一个群体出现在生产过程中的，这是难以观察和计量每个要素贡献大小的技术性原因。例如，当两个人共同将一种货物搬到卡车上时，单单观察总的货物重量，不可能决定每个人的“边际生产力”，即每个人为搬动这件货物付出了多少努力。[①] 同理，对于团队生产，单单观察总的产值，也无法计算出每个要素在其中贡献了多少份额，因为总产出并非是每个要素的代数和。从简单的数学知识上讲，如果生产 Z 需要两种投入要素 X 和 Y，那么，团队生产意味着 Z 对 X 和 Y 的二阶交叉微分不等

① 张五常（Cheung，1983）用中国古代的拉纤夫作比喻，说明了同样的道理。

于零，即$\frac{\partial^2 Z}{\partial X \partial Y} \neq 0$。

正如两个人共同用力将货物搬上卡车一样，虽然一个人根本不可能搬动货物，但两个人共同搬起货物并不表明每个人实际上用了多大力气。因此，团队生产指的是：①生产要投入多种资源；②产品或产值不是每种投入要素的代数和；③生产力使用的资源并非都归某一个人所有。

团队生产的更深一层的含义在于，生产过程中，一个人的活动和行为（如努力程度）会影响到团队中其他人的生产力。于是就出现了一个问题：如何给团队的成员按劳付酬从而激励其工作效率。

这和公共产品的使用中出现的问题一样，个人没有提供公共产品的动机，虽然联合提供公共产品对每个人都有利。在团队生产中，每个人都有一种偷懒的动机，尽量使他人多付劳动，而自己"搭便车"。这样一种机会主义的动机在团队生产中较难克服，除非能够有效地监督和计量每个人的行为和努力程度。由此带来的问题称为"道德风险"。所以道德风险完全可能由于纯粹的技术原因即要素合作的不可分辨性而造成。只要难以从技术上观察到从而决定每个要素的努力程度，就不可能避免偷懒和搭便车的道德风险。而要充分发挥企业的效率潜力，必须克服偷懒和搭便车这类道德风险。阿尔奇安和德姆塞茨给出的解决答案是，从制度上将企业的产权结构化，形成一种可监督的结构，尤其是使某些人的职能专业化，即专门从事监督其他要素所有者的工作绩效，包括精力、热情、工作态度、产出等。

阿尔奇安和德姆塞茨认为，虽然市场竞争机制也是解决道德风险的手段，但由于借市场机制消除偷懒的成本可能过高，而且偷懒的动机会在离开市场之后出现复归的可能，因此，制度的安排[①]是实际可采纳的装置。但是，如果以监督其他要素成员的努力程度作为自己专业职能的监工只是团队的成员，只是从团队中分离出来的要素所有者，那监督的效果就要大打折扣，因为这样的监工也和其他要素所有者一样怀有偷懒的动机。出于这样的考虑，阿尔奇安指出，制度的安排必须克服监工与被监视成员在利益和动机上的雷同，要设法使监工的偷懒动机变得对自己没有利，从而达到双方的激励相容性。但是，谁来监督监工呢？

一种有效的制度约束可以充分解决这个监督监工的问题，那就是借助于产权的安排，赋予监工剩余索取权（residual claimant right）。这样，通过监工的专业化、职业化，加上享有剩余索取权，就可克服偷懒。那么，剩余索取权是如何监督其他要素所有者的呢？奥秘在于每个合作成员以工资形

① “制度安排”是用来决定经济单位的合作或竞争的一种方式。它可以是非正式的，也可以是正式的，可以是长久的，也可以是过渡的。但它必须满足下述特征：提供一种结构，使其成员在这种结构安排下能获得某种利益，而这种利益在这一结构之外是得不到的。参见 Davis and North（1971）。

式获取劳动的报酬，而监工则获取扣除合作成员工资的剩余收入。这样一来，团队成员的生产越有效率，监工的剩余越多，从而监工越有动机去监督团队成员的行为和努力程度，这又反过来促进团队生产的效率，造成良性循环。这一过程的特点是，由于监督而提高的劳动效率所带来的收益全部归监工而不是在全体成员之间分配。这是有效监督的源泉。

从产权结构来看，早期资本主义古典企业的产权就有这种安排：第一，获得剩余收入的人是团队成员的监工。第二，有关企业生产的决策（包括各种投入要素的选择和鉴别，生产什么，如何生产，等等）都由持有剩余索取权的人做出。第三，拥有剩余索取权的人是企业主或雇主。因此，古典资本主义企业的产权结构表现为产权的单一所有。企业主即企业的所有者拥有全部的产权，包括剩余索取权、监督其他要素所有者的权力以及经营的决策权。

以上从团队生产的假说入手，回答了为什么企业内部存在一种特殊的产权制度，也就是说，为什么企业的所有者或雇主要成为其他要素所有者的共同核心，从而能够在制度上克服其他要素所有者的偷懒动机。但是，这个产权安排还意味着联合使用的某些要素是属于监督人所有的，而有一些要素则是从非团队成员那里租用的。如果全部要素统归企业主所有，那么监督就是多余的。于是对这一假说的深入分析必须首先回答下面这一问题：我们是否能够判别或给出一个标准来说明哪些投入要素是雇用的而哪些要素是由企业主自己所有的。

阿尔奇安和德姆塞茨指出，拥有剩余索取权的企业所有者应该是可收回的或可再出售的企业设备的投资者。因为即使在企业亏损时，剩余索取权的拥有者也有能力偿还所雇（或租）要素的价值，即以机器、设备、厂房、土地和其他生产资料的形式抵押偿还。但是劳动力却不适宜偿还，因而劳动力多以雇佣形式使用。更进一步推论，耐用资源如机器设备一般不宜租用，因为如果没有所有者的监督而由它的非所有者使用（比如租用），那么资源的消耗要比它的所有者亲自使用大得多，因此一般耐用资源的所有者会对非所有者的使用索取更高的价格以补偿他预期的资源消耗的代价。这就是说，租用机器设备要比自己对机器设备的投资更贵，这导致企业主对该资源的所有而不是租用。同时，由于劳动力的所有者（即劳动者本人）能够很容易地监视对自己劳动力的滥用（即消耗过大），因此，雇用劳动力的成本不会太高。

有了这个原理，我们就很容易弄懂为什么企业的产权结构是重要的。原因在于，对企业主来说，自己投资于机器设备和厂房等生产资料而不是租赁这些生产设施，雇用劳动力而不是出卖自己的劳动力，是为了节约交易费用。在生产要素并非同属于企业主一人的情况下，必须减少或消除其他要素（如劳动力）的偷懒动机，必然要在产权的结构上制造一种监督装置。要使这种监督装置有效地发挥作用,企业主必须成为剩余索取者。该假说与古典资本主义企业内部出现的产权安排是十分吻合的。这说明,我们从理论上完全有可能通过放松团队生产假说的某些前提条件推演出经济组织的演化。接下来我们就转入对这一问题的讨论。

3.3 经济组织的演变

企业主制

上述讨论表明,一个团队的有效运行需要有监工,但要解决为监工提供刺激机制的问题。如果团队的成员们不能够说出监工是否履行了职责,那么他们就必须设计某些基于可观察结果之上的动力结构。一种可观察的结果是整个团队的最终产出,所以就得出了这样一种产权结构。在这里,最终产出不是由团队的全体成员共同分享,成员得到的是一个固定的工资,而监工得到扣除工资后的剩余。弄清上述“思想实验”是至关重要的。它使我们懂得单个企业主显然不是一个代理人。正如我们业已指出的那样,假如他拥有决定权从而可以影响团队行为的话,那他必然是雇主,而不单单是团队的代理人。

因此,只要偷懒和道德风险问题十分严重,只要我们假定企业主是风险中性者，而雇员是逃避风险者，那么企业主制的集权式产权结构就是最有效的制度安排。里基茨（M. Ricketts，1987）对此做了细致的说明[①]。他说，在以下相当特别的情况下，企业主制的确是组织效率问题的一个"解"。这些情况包括：

（1）团队生产的潜在优势仅限于小规模的团体。在小规模的团体里，只要单个人就能有效地进行监督。

（2）偷懒的损失至少在某个范围内可以由受到监督的团队生产的产出增加来充分抵消。

（3）监督努力的报酬是确定的，或者至少通过增加产出可以有利于剩余的分配。

（4）监工是风险中性者。

合伙制与监督

所谓合伙制，指的是有两个或两个以上的人共同投资并分享剩余、共同监督和管理的企业。合伙制需要在两个或两个以上的人之间就共同履行监督职能并分享剩余等方面达成协议，因此，即使监督的报酬是确定的，也会面临合同上的一些困难。

如果每个合伙人的监督努力都达到了最大，并且可以毫

① M. Ricketts. *The New Industrial Economics*. S. T. Martin Press，1987.

无代价地加以观察，那么合伙制的产权结构将是增进团队生产力的理想制度，从而有利于团队规模的扩大。可是，一旦每个合伙人的行为不易观察，或监督合伙人的行为需要花费较大代价，就会在合伙人之间出现阿尔奇安和德姆塞茨提到的道德风险问题。由于一个合伙人的监督努力会给其他合伙人带来更多的剩余份额，因此该合伙人就会萌生偷懒的动机。所以我们可以推论，合伙制遇到下述情况势必瓦解或产生变化，产权结构势必要加以重新调整。这个情况就是，监督是易观察到的，而且监督的努力取决于每个合伙人的敬业精神。

假如监督的报酬是确定的，两个合伙人应该能够互相监视每个人的行为，因为每个人都知道自己的努力并能从最终的产出中推算出对方的努力程度。例如，在两个人合伙的情况下，可把这一情形看作一个“博弈”。每个合伙人都面临两大决策：监督还是偷懒，参见图 3—1。

		合伙人 B 监督	合伙人 B 偷懒
合伙人 A	监督	a	c
	偷懒	b	d

图 3—1　两个合伙人博弈

在这两人博弈中，a、b、c、d 代表合伙人 A 和 B 在各种情况下的报酬：$b>a$，$c>a$，$b>d$，$c>d$。根据这一报酬情况，只要 B 监督，无论 A 是监督还是偷懒都是有利的，但是 A 偷懒是较好的决策，因为 $b>a$。如果 B 偷懒，A 决定监督才是较佳的策略，因为 $c>d$。因此。这个博弈会导致“欺骗”，也就是说，每个合伙人都力求使对方相信自己在偷懒，从而希望对方能努力监督。换句话说，每个合伙人都试图向对方表明自己在偷懒，这样对方从自己的利益考虑就会努力监督。因为无论 A 或 B，在对方偷懒的情况下，自己努力监督总会得到最高报酬。这样反复试探，就可达到 A 和 B 都努力监督的最优结果。

然而，一旦合伙人人数增加，就会改变这个博弈的性质。这意味着偷懒的动机会加强，因为每个合伙人的监督努力对他自己报酬份额的影响越来越小。这就解释了为什么合伙制企业一般不愿随便扩大合伙范围。多数情况下，合伙制以小规模企业居多。

合伙制企业的历史表明，每个合伙人除了分享剩余索取权和监督其他要素所有者的权力之外，还拥有使用和管理团队资源的权力即决策权。每个合伙人可以无视对方而独立决策，但一切责任，包括债务，则要由合伙人全体共同负担，必须至少有一个负无限责任的合伙人。因此，从产权角度看，每个合伙人的产权就无法自由转让或出售。如果一个合伙人离开或死亡，合伙制就会瓦解，从而必须重新组伙。正是由于合伙制中没有一个单一的合同代理人而是几个代理人互相之间都能彼此代表签约，因而合伙制企业存在着较为严重的交易困难。在19世纪30年代的英国，对合伙制法律的不满日益剧增，其中一个原因就是诉讼上的困难。无论是第三方诉讼合伙人还是合伙人之间互相诉讼，都面临同样的合同纠纷困难，因为合伙人不是单一的。因此，后来英国对合伙制的发展规模作了严格限制。

股份公司

历史的演进可以反向推断。如果企业主制或合伙制的产权结构是唯一可行的制度安排，那么含有成千上万人协作或合作生产的大规模企业也许就根本不会出现。对大规模团队生产的监督和协调需要一种新型的产权结构，这种产权结构首先要降低大规模企业的风险，同时还要降低因大规模的监督可能引起的巨大费用，以及降低取得资本的成本和巨大的债务风险。这样一些需要在新的产权结构下解决的问题在合伙制度下是根本解决不了的。单单筹资问题就足以使企业主制或合伙制解体，因为在合伙制的产权结构下，相对于企业主或合伙人的财富，如此高的负债率会大大增加破产的风险，这一点值得强调，即在任何企业产权结构下，都必须降低或克服过高的负债率。企业的生存首先是与降低资产负债率联系在一起的。因此，大规模企业的产权结构的形成开始于对企业融资结构的调整（见图3—2）。

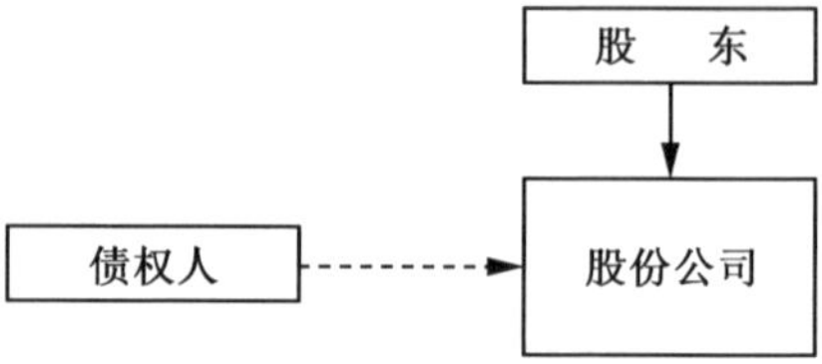

图 3—2　股份公司的融资结构

针对上述问题的解决，股份公司制具有以下三大特点：

第一，股份公司具有独立于公司组成人员的法律存在。人们可以买入或卖出股份，但这不影响公司的生存。与合伙制不一样，股份公司作为独立的实体，可以诉讼和被诉讼。这就大大简化了与第三方的合同关系，有助于合同纠纷的解决。

第二，公司的股份是可以自由转让的。股票交易所或交易市场是股票和股权转让出售的机构。艾克伦德和陶里森(Ekelund and Tollison，1980)认为，股票的可转让性对早期股份公司的发展起了重大作用。不可转让的股票会排挤有才干的有识之士管理生产，从而为不善于管理和生产的人提供免于竞争的保护。

第三，股票持有者或股东的责任是有限的。股票持有者的责任只取决于他所拥有的股份多寡。责任有限的最重要意义不但在于使人们愿意为企业提供资本，因为投资于企业的风险代价较小，还在于企业分散的投资风险也使企业的经营者乐意筹资。在企业主制的情况下，单个企业主的投资规模必然受制于他对自己责任无限担心。

从企业的产权结构来分析，股份企业不同于企业主企业和合伙制企业的最主要差异表现在两个方面：

第一，股份公司的产权结构已经不再具有单一持有者的私人性，是典型的“集体产权结构”。这表现在，分散在成千上万个股票持有者（即所有者）那里的产权现在通过民主程序，以股东代表大会这种“委员会”的方式来行使、履行和保障。这类似于政治领域里的表决制度和机构安排。董事会（即执行机构）由股东代表大会表决选出，全权行使股东们（即所有者）的经营决策权。这是股份公司产权结构的一大调整，即剩余索取权与经营（资源）决策权的分离。这个分离是分散的剩余索取权赖以履行和保障的“民主道路”的结果。

第二，产权结构的差异表现在“剩余索取权”与“监督其他要素的权利”相分离。产权结构的这一分离或调整使分散的剩余索取权对大规模的其他要素所有者的协调和监督成为可能。这个所谓的“所有权与控制的分离”具有许多交易上的优势，它容许并产生了专业经理阶层，使监督权由职业的支薪经理们来行使，这是企业史上的一大事件（见图 3—3）。

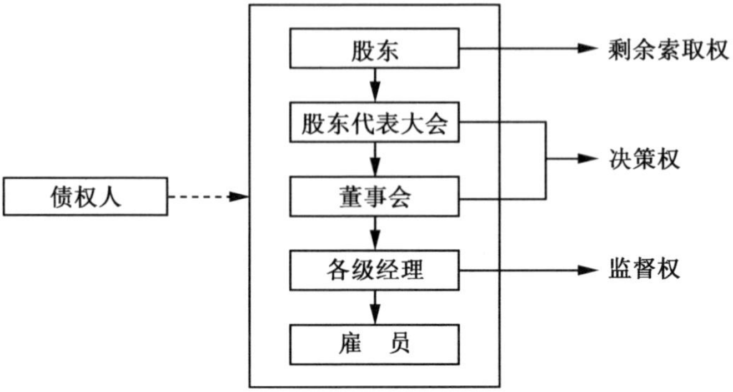

图 3—3　股份公司的产权结构

但是，剩余索取权与监督其他要素的权利相分离或者将监督权留给职业的经理人员会带来我们在前面讨论过的团队生产的偷懒问题。在这里，偷懒问题转化成经理的动机和目标问题。亚当·斯密在《国富论》中提到的所谓的"疏忽与挥霍"势必在经理阶层蔓延开来，因此许多学者早期对股份公司的这一产权结构将会造成无效率的结果深信不疑。

对于一个范围狭小的家庭公司来说，如果每个成员都拥有相当份额的股份，而且处置其股份的责任是有限的，这样由某些家庭成员充当经理的角色，可以看成是为了克服经理偷懒动机和刺激不足问题的一个解决办法。这就是私人股份公司制的真实情况。据哈纳（Hannah，1983）的研究，在 1914 年以前，英国有 80％的股份公司属于私人公司，这些私人股份公司在保留有限责任的股份的同时，格外限制股份的转让权。哈纳说，从家庭成员中启用经理人员，确实解决了经理人员的动力和刺激，提高了管理和监督的效率，但是这一问题的解决不是借助于发明了什么新的刺激和动力机制，而恰恰绕开了这个问题，因为经理们不是来自外界而是从企业的缔造或创建家族中选择启用的。

与此同时，在美国，股份公司结构的调整和进化远比英国迅猛。有趣的是，钱德勒(Chandler，1976)把英国在股份制度方面的缓慢发展恰恰归咎于家族管理的影响，从而未能迅速发展出职业经理阶层。也正是在这个意义上，钱德勒把美国称为经理式资本主义的策源地。

这里，我们对责任有限的股份公司的产权结构作了简单的描述和分析。我们指出，这种类型的企业制度(即责任有限股份公司制度)使大规模生产成为可能，但出于公司的资本负债率和破产风险的考虑而实行的责任有限和分散风险的制度调整又会带来协调成千上万个股东偏好的困难。于是，产权的结构发生了一个重大调整，即拥有剩余索取权的股东权不再直接监督其他要素所有者的行为，而要与这种监督相分离，由一批职业的支薪经理们从事这些活动并由股东代表组成的董事会来领导。

经理拥有监督权，但经理的目标和动机可能偏离股东们的利润最大目标，于是两权分离后，经理们的活动和刺激成为股份公司制度又必须克服的一大难题。哈纳认为，从英国的经验看,早期对这一问题的解决是回避了这个问题,即启用的经理来自本企业的家庭或家族成员。这就可保证经理目标与企业的所有者即家庭目标的一致性。但这只是家族式或私人股份公司制实际经历过的。另一方面,钱德勒指出,英国股份制度之所以发展迟缓,正是由于家族的影响,因而未能像美国那样发明出一套有效地抑制经理偷懒动机的制度。在美国,这种制度主要是企业组织结构的相应变化。这就是所谓"M一型"公司结构的假说,对此曾有经济学家研究得出的一个重要结论是,M一型公司在体制方面更有利于利润最大化目标的实现,在这里,我们就不加以讨论了。

3.4 从"生产队"到"家庭耕作"

这里我们利用上述阿尔奇安和德姆塞茨的监督思想,并基于森(Sen,1966)、林毅夫(Lin,1988)和张军(1998b)的工作来建立一个以工分制为分配方式的生产队模型。我们试图要说明工分制为什么不能提高生产队的劳动生产率。对这一问题的理论分析有助于我们理解中国的集体化农业组织向家庭承包责任制的变迁为什么会大大改善农业的生产力。

我们假定一个生产队有 N 个社员,每个社员具有相同的能力,但其偏好各异。让我们令第 i 个社员的目标是使下面的效用函数最大化：

$$\max_{e_i} u_i = u_i(y_i, e_i) \tag{3—1}$$

这里 u_i、y_i 和 e_i 分别为第 i 位社员的效用水平、收入水平和劳动努力水平。当然，假定 u_i 是二次可以微分的且为凹函数。

我们假定该生产队采用工分制来分配其总的净产品 Y，在这种制度下，每个社员获得的收入取决于他或她所拥有的工分 g_i、生产队在某个工种上所决定的全部工分数 G 以及生产队的净产品 Y，它又是全体社员努力的函数，即 $Y=Y(E)$。根据工分制的计算方法，我们有

$$G = \sum_{i=1}^{N} g_i \tag{3—2}$$

和

$$s_i = g_i / G \tag{3—3}$$

从而第 i 个社员的收入为：

$$y_i = s_i Y(E) \tag{3—4}$$

但是，社员的工分数既取决于社员自己的努力程度 e_i，也取决于生产队队长的监督与观察的努力程度 π_i，即

$$g_i = g(\pi, e_i) \tag{3—5}$$

如果队长对社员劳动的监督非常精确，那么 $g_i = g(1, e_i) = e_i$；但如果队长的监督马马虎虎或者根本没有监督，那么 $g_i = g(0, e_i) = 1$，也就是说，每个社员平均地分享全部的工分数 G。

接下来我们讨论生产队中的社员的劳动供给行为。根据标准经济学理论,(3－1)式所代表的社员效用函数的最大化要求满足下列一阶条件:

$$\frac{\partial y_i}{\partial e_i} = -\frac{u'_{e_i}}{u'_{y_i}} \qquad (3-6)$$

(3－6)式右端为第 i 个社员获得的收入的正边际效用与劳动的负边际效用之比,也就是收入与劳动(或闲暇)的边际替代率。(3－6)式的左端代表了劳动的边际收入,它代表社员的劳动激励(积极)程度。从(3－4)式我们可以求得:

$$\frac{\partial y_i}{\partial e_i} = s_i Y'(E) + (1-s_i)Y(E)/E \qquad (3-7)$$

(3－7)式是说,社员劳动的边际收入或者说社员劳动的货币激励等于生产队的边际产品 $Y'(E)$ 和平均产品 $Y(E)/E$ 的加权平均值,其中权数为社员的工分与总工分的比重 s_i。

这样我们可以把社员 i 的最优劳动供给水平的决定由图 3－4 表示出来。一个社员为使自己的效用水平最大化,他或她就会使自己的劳动程度调整到其边际收入正好等于收入与闲暇的边际替代率的水平。

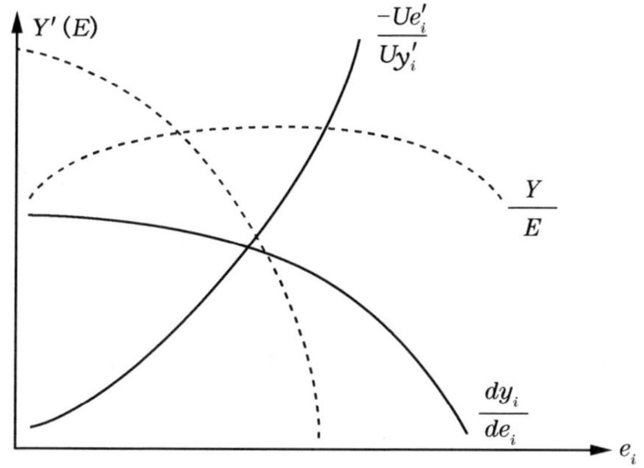

资料来源:转引自林(Lin,1988)。

图 3—4　社员的最优劳动供给量的决定

我们这里的讨论马上与关于团队生产和工人自我管理的研究文献联系了起来。根据后者的一般文献,如果团队中的一个成员获得的收入 y_i 为团队总收入 Y 的某个份额,那么这个份额一般可写成:

$$s_i=\alpha/N+(1-\alpha)e_i/E$$

这里 $\alpha\in[0,1]$是一个决定收入分配方式的指数,它可能有三种形式:

第一,如果 $\alpha=1,s_i=1/N$,则:

$$y_i=\frac{1}{N}Y$$

根据森(Sen,1966)的说法,我们把这一分配机制称为“按需分配”。在这一分配机制中,对单个团队成员来说,其劳动投入的个人边际收入为：

$$\frac{\mathrm{d}y_i}{\mathrm{d}e_i}=\frac{1}{N}\left[Y'(E)\frac{\mathrm{d}E}{\mathrm{d}e_i}\right] \tag{3—7a}$$

在(3—7a)式中，$Y'(E)$表示团队劳动投入量的边际产品。如果我们假定每个成员在劳动投入上都表现出一种“古诺-纳什行为”，即对所有$j\neq i$来说，$\mathrm{d}e_j/\mathrm{d}e_i=0$(其含义是每个成员在给定其他成员的劳动投入量的前提条件下决定自己的劳动投入量)，$\mathrm{d}E/\mathrm{d}e_i=1$，那么，$\mathrm{d}y_i/\mathrm{d}e_i=(1/N)Y'(E)$。

第二，如果$\alpha=0$，$s_i=e_i/E$，则：

$$y_i=\frac{e_i}{E}Y'(E)$$

按照森(Sen，1966)的术语，我们称上式所代表的分配机制为“按劳分配”。在按劳分配的机制中，每个成员的劳动投入量的个人边际收入为：

$$\frac{\mathrm{d}y_i}{\mathrm{d}e_i}=\eta_i Y'(E)+(1-\eta_i)\frac{Y(E)}{E}$$

其中，$\eta_i=(\mathrm{d}E/\mathrm{d}e_i)(e_i/E)$表示单个成员劳动投入量对团队总劳动的弹性。如果每个成员都有一种古诺-纳什行为，上式则变为：

$$\frac{\mathrm{d}y_i}{\mathrm{d}e_i}=\frac{e_i}{E}Y'(E)+\left(1-\frac{e_i}{E}\right)\frac{Y(E)}{E} \tag{3—7b}$$

这与(3—7a)式是等价的。

第三，如果$0<\alpha<1$，$s_i=\alpha/N+(1-\alpha)(e_i/E)$，则：

$$y_i=\left[\frac{\alpha}{N}+(1-\alpha)\frac{e_i}{E}\right]Y'(E)$$

从而

$$\frac{\mathrm{d}y_i}{\mathrm{d}e_i}=\left[\frac{\alpha}{N}+(1-\alpha)\frac{e_i}{E}\right]Y'(E)\frac{\mathrm{d}E}{\mathrm{d}e_i}+(1-\alpha)(1-\eta_i)\frac{Y}{E} \tag{3-7c}$$

我们在数学上不难证明：

(3—7a)式的值<(3—7c)式的值<(3—7b)式的值

也就是说，从对劳动的激励效应来说，上述三种分配方式是完全不同的，而且“按劳分配”显然将对劳动产生出最强的货币激励。

但是，对于我们讨论的包含工分制的生产队来说，“按劳分配”意味着队长将能够做到精确地监督和计量每个社员的努力水平。当生产队的规模较大以及生产的标准化程度较低时(这在农业合作社中最为典型)，假定队长的监督是完全的显然是不现实的。而根据我们前面的讨论，一旦监督不完全，那么 $y_i=1$，从而 $s_i=\frac{1}{N}$。这使得工分制下社员获得的收入等于 $y_i=\frac{1}{N}Y'(E)$，从而

$$\frac{\mathrm{d}y_i}{\mathrm{d}e_i}=\frac{1}{N}Y'(E) \tag{3-8}$$

(3—8)式是说，当工分制变成平均分配时，社员获得的劳动

的边际收入仅相当于他或她的边际产品的 $1/N$。这意味着社员劳动的积极性将处于较低状态，社员的劳动积极性不高并非因为社员偷懒，而是因为他或她从追加劳动中获得的收入远小于他或她追加劳动所创造的边际产品。

看来，对于一个生产队来说，要实现生产的效率，对社员的监督和计量其努力水平是至关重要的。但这又回到了我们在上一节谈到的问题，监督者是否有动力去监督社员呢？从而谁又来监督监督者呢？我们在上一节通过介绍阿尔奇安和德姆塞茨的论文（Alchian and Demsetz，1972）对解决监督监督者的产权变更的含义做了大量讨论。同样，对于像中国的农业生产队而言，产权的变更又是一个“解”。在中国，这个变更表现为耕作制度从生产队向“家庭承包责任制”（或“自耕农”）的历史性的变迁。当农户从生产队的社员变成自耕农时，监督和计量其个人贡献份额的要求已成为多余。事实上，这意味着家庭承包责任制下的农户现在变成了名副其实的“剩余索取者”。

3.5 小 结

在本章，我们介绍了阿尔奇安和德姆塞茨（Alchian and Demsetz，1972）发展起来的“监督”理论。正是因为他们看到了团队生产中的“监督”问题的重要性，他们的理论逐步被运用到了对经济组织的演化和企业内部治理结构的研究。这在后来就成了现代产权经济学和新制度经济理论的重要思想来源。运用这一思想，我们又介绍并讨论了一个“生产队”模型，这个模型将“监督”这一概念引入了团队生产的传统模型中，解释了“工分制”下的生产队的低效率结果和经济组织的可能回应，从而为中国在 20 世纪 70 年代末的农业非集体化运动和农业组织的变迁逻辑提供了一个理论分析的框架。

不过，产权的变革也许只是一种可能的方向，生产队的监督问题的性质可能会由于其他约束的存在而发生变化。我们曾提到，在一定的条件下，社员的相互监督是维持生产队效率的另一个可能的方向，我们将在下一章通过介绍麦克洛伊德(Macleod，1988)发展起来的理论模型来讨论这个方向。

4 平等、退出与合作均衡

4.1 引 言

1988 年,麦克洛伊德(Macleod,1988)发展了一个简单的合作团队的理论模型,得到两个重要的结论:第一,在一些合理的假定条件下,一个生产队(production team)内部的平等分配原则是可以与效率保持一致性的;第二,生产队保持效率的先决条件之一是引进一些并不为市场经济所采纳的制度约束。

我们知道,无论是米德(Meade,1972),还是阿尔奇安和德姆塞茨的论文(Alchian and Demsetz,1972),或霍尔穆斯托姆(Holmstrom,1982),他们的研究都将生产队的生产效率低下归咎于团队内部在收入分配上采取的分享或平均主义原则，这被认为是公正和公平的体现。在平均主义分配原则下，成员的劳动积极性将低于“按劳分配”原则下本来应该有的水平。因为这样，有一些学者便从非经济的因素来解释合作社或生产队的内部激励结构及其性质，波恩和波特曼（Bonin and Putterman，1986）曾详细地讨论了这些问题。其实，在森（Sen，1966）早期的那篇著名论文中，他也试图将“家族关系”处理为合作社内部激励机制的一个重要来源。不过，人们也注意到，一些对成功合作社的经验研究发现，虽然我们不能否认这些非经济因素的作用，但重要的仍然是显明的经济上的激励结构。

麦克洛伊德的模型基于重复博弈的一些思想。他认为，如果把合作的问题置入一个多时期可重复的博弈框架中来研究，那么很多学者的研究结论（即认为均等分配原则与效率无法相容）并不一定成立。他在“平等、效率以及合作团队中的激励”一文中说：

> 我将表明，霍尔穆斯托姆（1982）的结论并不能推广到一个多时期团队的生产。如果工人认识到他们的相互依存性并且遵循界定明晰的行为规范，那么可以证明将存在一些支持有效配置的可自我执行的规则。这些行为规则使我们为诸如“团队道德”和“合作行为”等概念提供一种正规的解释。

他利用重复博弈理论的标准方法发现,如果所有的工人在发觉有人偷懒以后威胁将在以后时期以偷懒来报复和惩罚偷懒者,那么团队生产中的偷懒问题将能被制止。他还发现,在某些条件下,这种报复策略是可信的,从而构成一个"子博弈完美均衡"。更有意思的是,他发现存在这种策略的充分条件是:①不断地监督生产队的总产出水平,②工人退出生产队的可能性不大。也就是说,合作均衡的存在需要对工人退出生产队施以某种形式的"退出成本"(exit costs)。

4.2 麦克洛伊德模型:平等与效率

假设有 n 个工人希望组建一个合作社,其生产函数为:

$$q=x(a)$$

这里 q 为每个时期的产出,$a=(a_1,\cdots,a_n)\in R_+^n$ 是工人努力水平的向量。假设上述生产函数满足下列特点:

假设1:$x(a)$是二次可微的,并对于 $a\in R_+^n$ 是凹的。另外,对于 $i\in N=\{1,\cdots,n\}$,$x(\bar{0})=0$,$\partial x/\partial a_i>0$。

该假设条件意味着生产函数 $q=x(a)$ 刻画了一个规模报酬递减的生产过程。在那里,努力的边际产品总为正。如果产出的价格为 p,并设 $k(\geqslant 0)$为资本的总成本,那么这个生产队的收入为:

$$R(a)=px(a)-k \tag{4-1}$$

假定工人每个时期离开合作社的概率为 ρ，并且希望实现终身收入和工作努力的贴现效用最大化。

假设 2：工人 i 的效用为

$$U_i = \sum_{i=0}^{\infty} [W_i^t - V(a_i^t)/\theta_i] (\rho\delta)^t$$

这里，W_i^t 为工人 i 在时间 t 的收入；a_i^t 为工人 i 在时间 t 的努力水平；$\delta = e^{-\gamma r} \in (0,1)$ 是一个贴现因子，r 为资本市场的利率，γ 为时间的长度。函数 $V(\cdot)/\theta_i$ 为工人 i 的努力负效用，它是二次可微的，并满足 $V(0)=0$，$V'(\cdot)>0$，$V''(\cdot)<0$，以及 $\lim_{a\to\infty} V_i(a)=\infty$。$\theta_i$ 代表工人的技能或类型，假定它是严格为正，并且对于 $i>j$，必有 $\theta_i \geqslant \theta_j$。最后假定 U_i 为线性的。

一般来说，一个配置可以被定义为工资、努力水平、工作安排的向量，即 (X,π)，在这里，

$$X = \{X_1, \cdots, X_n\} \equiv \{(W_1, a_1), \cdots, (W_n, a_n)\}$$

X_i 为第 i 个工人的工资和努力水平的向量，这里 $i \in N$。工作安排由 π 函数给出：$n \to N$，$\pi(i)$ 是工人被安排工作 i 的指数。为了简单起见，我们令 $R(a,\pi)$ 代表 $R(a_{\pi(1)}, \cdots, a_{\pi(n)})$。

可行配置的集合可由下式给出：

$$X = \left\{(X,\pi) \mid \sum_{i\in N} W_i \leqslant R(a,\pi)\right\}$$

这里我们忽略储蓄问题，假设所有的收入均全部分配给要素，因此，有了一个配置 X_i 和假设条件 2，一个工人 i 的效用

就可以写成：

$$U_i(X_i) \equiv \frac{\{W_i - V(a_i)/\theta_i\}}{1-\rho\delta} \tag{4-2}$$

假定任何人离开合作社将被另一个具有相同技能和类型的工人替换。

假定工人组建合作社的基本动机是全部的工人能通过合作社来选择一个最适合于自己的关于收入与努力水平的配置。现在的问题是，平等原则与效率原则是否可以一致。

定义 如果不存在一个配置 $(X', \pi') \in X$ 使得 $U_i(X'_i) > U_i(X_i)$（对所有 $i=1,\cdots,n$ 而言），那么我们称一个可行的配置 $(X, \pi) \in X$ 为帕累托有效配置。

命题 1 一个配置 (X^*, π^*) 是帕累托有效的，当且仅当：①(a^*, π^*) 是 $\max\limits_{a,\pi} R(a_{\pi(1)},\cdots,a_{\pi(n)}) - \sum\limits_{i\in N} V(a_i)/\theta_i$ 的一个解；② $\sum\limits_{i\in N} W_i^* = R(a_{\pi(1)},\cdots,a_{\pi(n)})$。

值得注意的是，只要工作安排和努力水平一确定，任何收入的分配都与有效的配置相一致，这意味着决定一个有效配置的问题实质上是决定一个平等的收入分配的问题。

令 (a^*, π^*) 是 $\max\limits_{a,\pi} R(a_{\pi(1)},\cdots,a_{\pi(n)}) - \sum\limits_{i\in N} V(a_i)/\theta_i$ 的一个解，只要有了工作安排 π^*，努力水平就将由下式决定：

$$\partial R(a^*, \pi^*)/\partial a_i = V'(a_i^*)/\theta_i \tag{4-3}$$

注意，这里讲的平等的概念是指一个“无嫉妒”(envy-free)

配置。

定义 如果对于每个 $i, j \in N$，有 $U_i(X_i) \geqslant U_i(X_j)$，那么一个配置$(X, \pi)$就是“无嫉妒”的。

命题 2 工人将真实地显示其技能，当且仅当配置(X^*, π^*)是“无嫉妒”的。[证明省略，有兴趣的读者可参考麦克洛伊德(Macleod，1988)]

这一命题是说，如果工人的技能并不为外人所知，那么仅有“无嫉妒”的配置才能执行。“无嫉妒”配置与平均主义原则也是相一致的。一个平均主义的分配原则，亦即每个工人得到相同的收入，本身就是一个“无嫉妒”的配置。但问题是，平均主义的配置通常并不是有效的配置。例如，令$R(\cdot)$为对称的收入函数，即 $R(a, \pi) = R(a, \pi')$，根据一阶条件(4—3)，有效的配置将要求技能水平高的工人工作更卖力些，所以收入和努力水平的平均主义分配并不满足这一要求。但“无嫉妒”的配置与效率却是一致的，我们把这种配置称为公平的配置。

定义 如果一个配置既是有效的又是“无嫉妒”的，那么它就是公平的配置。

命题 3 存在一个公平的配置，当且仅当一个努力水平的有效向量 a^*，使得对于所有的 $i, j \in N$，$\theta_i > \theta_j$ 意味着 $a_i^* \geqslant a_j^*$。(证明从略)

命题 4 在假设条件 1 和 2 之下，最优的产量随价格而

增加。(证明从略)

接下来要研究一下如何才能达到上述的公平配置。阿尔奇安和德姆塞茨(Alchian and Demsetz,1972)曾指出,团队生产的一个主要问题是难以执行成员之间可能达成的一个关于努力水平的合同。这不仅仅因为一个成员不能观察到其他成员的努力水平,而是第三方(如法院)难以观察到成员的努力水平。

我们现在假定合作社的总产出是可观察的。但是,如果社员的收入仅取决于生产队的总产出并且全部收入在每个时期均在社员中平均分配,那么根据霍尔穆斯托姆(Holmstrom,1982)的研究,要达到和维持合作社的"最优"产出量是不可能的。在这种情况下,社员在每个时期都要尽可能将自己的劳动努力小于最优努力水平的动机。因此,现在激励问题是我们能否找到一种合约安排,它使收入的平均分配与有效率的生产达到兼容。麦克洛伊德(Macleod,1988)认为,使用动态合约可以解决这个问题。接下来我们介绍一下他的"内部激励模型"。这个模型在精神上与我们前面的生产队模型是一致的。

令(X^*,π^*)代表合作社希望选择的公平配置。我们可以用这个配置去定义这个合作社内部对收入的分配规则:

$$R_i(a)=S_iR(a,\pi^*)$$

这里$S_i=W_i^*/\sum_{j=1}^{n}W_j^*$,$R(a,\pi^*)$是合作社的总收入,$R_i(a)$

是第 i 个社员的收入。第 i 个社员的一时期效用函数应为其努力水平 a 的函数，即

$$\widetilde{U}_i(a)=R_i(a)-V(a_i)/\theta_i \qquad (4-4)$$

我们先考虑当合作社仅存在一个时期(one period)的均衡问题。在这种情况下，每个社员在给定其他社员的努力水平下选择一个能使(4—4)式最大化的努力水平 a。这自然是一个古诺-纳什均衡问题，也就是说，这是博弈论中的纳什解问题。只要假定效用函数是凹函数，在前面的假设条件 1 和条件 2 下，其纳什均衡解 a^n 可以由下式解出：

$$\frac{\partial \widetilde{U}_i(a^n)}{\partial a_i}=0 \qquad (\text{如果 } a_i^n>0) \qquad (4-5a)$$

$$\frac{\partial \widetilde{U}_i(a^n)}{\partial a_i}\leqslant 0 \qquad (\text{如果 } a_i^n=0) \qquad (4-5b)$$

实际上，根据前面的内容，(4—5a)式可进一步展开成下式：

$$S_i p\,\frac{\partial X(a^n)}{\partial a_i}=\frac{V'(a_i^n)}{\theta_i}$$

显然，因为 S_i 一般是小于 1 的，因此，保证效率的一阶条件[它由(4—3)式给出]在这里就不被满足了。这似乎重复了霍尔穆斯托姆的结论，霍尔穆斯托姆(Holmstrom，1982)给出了一个一般的证明，发现只要团队内部的收入是均分的，不管分配的形式如何，静态的团队生产的纳什均衡绝不会是

有效率的均衡。

但是，上面的结论仅对一时期合作社模型是成立的。实际的情况往往是，合作社更是一种长期的安排，它包含许多长期的关系。当合作社不是一时期的安排时，社员之间的行为关系会变得更加复杂起来，这种关系的基础不再是一次性的而是可重复的了。现在让我们讨论一下当合作社是可无限生存的情况下其长期均衡会有什么变化。

在这种情况下，社员的效用函数由假设条件2给出。如果合作社的收入分配规则和收入函数已为“公共知识”，而且假定社员的收入每一固定时间分配一次，上一次的收入变成这一次的“公共知识”。这样，在时间 t，每个社员的信息集合为：

$$I_t=\{R(a^0,\pi^*),\cdots,R(a^{t-1},\pi^*)\}\in R_+^t$$

这里，$a^0,\cdots,a^{t-1}$ 是已过去时段里的努力水平。社员 i 的策略是从其信息集合中选择一个给定的行动：

$$\sigma_i^t:R_+^t\to R$$

这里 $\sigma_i^t(I_t)=a_i^t$ 为社员 i 在时间 t 的努力水平。令 $\sigma_i=(\sigma_i^0,\sigma_i^1,\cdots)$ 为社员 i 的策略序列，$\sigma=(\sigma_1,\cdots,\sigma_n)$ 代表所有社员的策略。再令 $(\sigma|I_t)$ 代表从时间 t 开始的社员努力水平的序列。社员 i 在时间 T 的效用是所有社员策略的函数，即

$$U_i^T(\sigma\mid I_T)=\sum_{t=1}^{\infty}\widetilde{U}_i(a^t)\delta^{t-T}\qquad(4-6)$$

这里 $(\sigma|I_T)=(a^T,a^{T+1},\cdots)$。如果社员 i 的策略在所有时

间上都是最优的，那么这样一组策略将构成一个“子博弈完美纳什均衡”。

定义 一个策略序列 $\sigma^*=(\sigma_1^*,\cdots,\sigma_n^*)$ 是一个子博弈完美纳什均衡（SPE），当且仅当 $U_i^T(\sigma^*\mid I_T)\geqslant U_i^T(\sigma_i,\sigma^{*-i}\mid I_T)$，$\forall i=1,\cdots,n$，$\forall T\geqslant 0$，$\forall I_T\in R_+^T$，并且对所有可能的 σ_i 成立。

众所周知，对于一个重复博弈 $\sigma_i^t(I_t)=a_i^N$，$\forall I_t\in R_+^t$，$\forall t\geqslant 0$，$\forall i=1,\cdots,n$ 来说，一个静态的纳什均衡可以定义一个子博弈完美均衡（SPE）。在一些适当的条件下，将会存在支持效率的策略，根据弗里德曼（Friedman，1977）的讨论，所有这些均衡的策略都可采取“威胁”的形式，即一旦任何一个成员在合作协议中欺骗，那么其他人也以不合作作为威胁手段。这种策略可以定义成：

$$\sigma_i^*(I_t)=\begin{cases}a_i^*\text{，如果 } t=0(I_t=\phi)\text{，或 } R(a^{t-1},\pi^*)\geqslant R(a^*,\pi^*)\\ a_i^N\text{，如果 } R(a^{t-1},\pi^*)<R(a^*,\pi^*)\end{cases}$$

其中，$R(a^*,\pi^*)$ 是合作社在实现最大效率时的收入。这些策略描述了这样一种情况，只要上一期的收入不低于最优水平 $R(a^*,\pi^*)$，所有的社员都将达到有效的努力水平。在这里并不要求每个社员都能够观察到其他成员的努力水平。

为了刻画这一均衡的特征，我们需要定义一下单一时期均衡的一些概念：

（1）最优的效用水平 $U_i^*=U_i(a^*)$；

(2)静态的纳什均衡水平 $U_i^N = U_i(a^N)$；

(3)欺骗行为(偷懒)的一次性收益 $U_i^C = \max_{U_i \geqslant 0} \widetilde{U}_i(a_i, a_{-i}^*)$。

效用 U_i^C 是指当其他社员仍然提供有效的努力水平而第 i 个社员偷懒所获得的效用水平。我们知道，在“一次性博弈”中，每个社员都有偷懒的动机，从而 $U_i^C > U_i^X > U_i^N$。

现在我们可以把上述问题置入一个“重复博弈”中来讨论。在重复博弈中，如果所有的社员都采取合作策略，那么每个社员在时间 T 的终生效用为：

$$U_i^* = \sum_{t=T}^{\infty} \widetilde{U}_i(a^*)(\delta\rho)^{t-T} = \frac{1}{1-\delta\rho} U^*$$

如果社员 i 决定在时间 T 偷懒，并且其他社员在 T 之前一直是采取合作策略的，那么社员 i 的未来收益就将变为：

$$U_i^C = U_i^C + \frac{\delta\rho}{1-\delta p} U_i^N$$

显然，在时间 T，该社员因偷懒而得到的效用为 U_i^C，但在 T 之后的时间，该社员继续偷懒会被其他社员所察觉(例如，可以观察到合作社的总收入在 T 之后下降了)，其结果必然导致所有的社员都选择努力的纳什均衡水平。因此，只要 $U_i^* \geqslant U_i^C$，也就是说，只要

$$\frac{1}{1-\delta\rho} U_i^* \geqslant U_i^C + \frac{\delta\rho}{1-\delta\rho} U_i^N$$

合作社里没有人希望偷懒。由于对于社员来说，选择努力的

纳什均衡水平就是选择一个“子博弈完美均衡”(SPE),因此,社员选择努力的纳什均衡 a^N 的威胁是可信的。这可以引出下面一个命题。

命题 5 只要 $U_i^* \geqslant (1-\delta\rho)U_i^N + \rho p U_i^C, i=1,\cdots,n$,那么威胁策略 $\sigma_i^*(\cdot)$ 就构成一个子博弈完美纳什均衡。

从命题 5 可以推知,当 $\delta\rho$ 充分接近于 1 时,$U_i^* > U_i^N$,说明合作是可能的。这里,贴现率 δ 在利率 r 接近于 0 或时间 γ 变短时将接近于 1,这意味着对合作社生产的监督要充分的频繁。至于另一个参数 ρ,它代表社员的流动性,ρ 接近于 1 意味着社员的流动性要足够的低。在这两种条件下,即,充分频繁的监督和社员充分低的流动性的条件下,一个合作社的有效生产是可以维持的。这个结论与霍尔穆斯托姆(Holmstrom,1982)的结论不同,甚至相悖。因此,这里麦克洛伊德实际上证明了,在合作社的收入平均分配的条件下仍有可能达到最优的生产结果。不过,正如麦克洛伊德(Macleod,1988)所说的:

> 要达到一个合作性均衡,需要全体团队的成员明白均衡的策略,明白不偷懒是他们的利益所在。可以非正式地将这个均衡解释成一种状态,在这里,具有“高道德水准”的团队是有效率的,因为单个成员的偷懒会被其结果走向静态的纳什均衡而制止。因此,并不必像阿尔奇安和德姆塞茨

(1972)所建议的那样，基于行为规范来强制贯彻团队精神，相反，在我看来，团队精神构成了一个非合作均衡的一部分。

4.3 退出与退出成本

麦克洛伊德在其模型中继续讨论了实现合作性均衡的条件，引进了“退出成本”这样一个重要的条件。现在我们就来分析一下当社员可以决定是否退出合作社时的均衡的可维持性问题。

假设社员 i 可以决定在每一时期是否离开合作社。如果他离开，他可以得到 $\overline{U}_i$ 的效用。麦克洛伊德认为，在这种情况下的问题是，即使合作社的存在可以促进生产效率的提高，社员的“偷懒然后退出”的动机和策略仍能毁坏任何一个合作协议。这个结论可以表达为命题 6。

命题 6 如果对社员 i 来说，$\overline{U}_i > U_i^* - (1-\delta\rho)\{U_i^C - U_i^*\}/\delta\rho$，那么将不存在一个支持公平配置$(X^*, \pi^*)$的子博弈完美均衡。

对命题 6 的证明十分简单。$\overline{U}_i > U_i^* - (1-\delta\rho)\{U_i^C - U_i^*\}/\delta\rho$ 意味着 $U_i^*/(1-\delta\rho) < U_i^C + \delta\rho\overline{U}_i/(1-\delta\rho)$。此式又说明，无论其他社员如何劳动，社员 i 偷懒然后退出合作社总是有利可图的。因此，对于给定的任何策略，至少存在着一

个社员会发现偷懒是有利于自身利益的。如果对所有的社员 $i \in N, \overline{U}_i < U_i^*$，那么全体社员相互合作比不合作更有利可图。然而，因为 $U_i^* - (1-\delta\rho)\{U_i^C - U_i^*\}/\delta\rho < U_i^*$，$\overline{U}_i$ 必将在区间 $(U_i^* - (1-\delta\rho)\{U_i^C - U_i^*\}/\delta\rho, U_i^*)$ 内。所以即使全体社员都偏好合作性配置，但每个成员的"偷懒然后退出"的动机却可能使全体合作性配置处于不稳定状态。

我们知道，赫希曼（Hirschman，1970）在其著作《退出、呼声和忠诚》中专门讨论过"退出的成本"问题。他指出，在很多组织里，由于人们会在某些事情不满意时离开组织，结果很多组织难以稳定发展，对于合作组织来说也是如此。现在如果我们把这里讨论的社员的退出自由与前面第二节讨论的合作性均衡问题联系起来，那么很容易推论出下面的结论，即只有当社员退出合作社是不太可能的时候，或退出成本较高时，社员对偷懒者的威胁策略才足以构成一个子博弈完美均衡。换句话说，当社员的退社成本较低时，威胁策略将难以奏效。

这里引出了一个重要的含义。对社员来说，一个合作均衡的存在要求有一个较高的退出成本。麦克洛伊德认为，在市场经济里我们至少可以找到两种不同的方式来满足这一退出成本的条件。一种方式是合作社必须能提供给其社员高于在合作社以外的其他组织工作可获得的更高的收入。这被认为是美国的普利坞合作社赖以成功的基础。另一种方式是给社员退社制造退出成本。西班牙巴斯克省的蒙德拉贡生产合作社就是一例。在那里，所有的社员在合作社里都要求开设资本账户，从而与合作社利益相关，这在实际上增加了社员退社的成本。当然，类似的例子还有日本的企业制度，在那里，终身雇佣制度大大降低了工人的流动性，强化了企业内部的团队与合作精神。

4.4 小 结

本章介绍了由麦克洛伊德发展起来的合作社理论。他论证了合作均衡在长期可以维持的条件。在他给出的模型里，他证明，当社员退出合作社的成本较高时，一个合作社的效率可以通过社员之间的相互威胁策略来实现。也就是说，当社员不能退出合作社时，一个社员的偷懒行为会导致全体社员“倒退”到更低的劳动供给水平上。因此，在这种情况下，其他社员降低劳动供给的威胁策略是完全**可信**的。这种策略将构成一个子博弈完善均衡。他的模型调和了公平的收入分配与合作效率之间的短期冲突，对合作经济组织理论有重要的含义。

5 合作、效率与可信性博弈

5.1 引 言

在现有的关于合作生产组织的文献里，一直令经济学家感兴趣的并不是为什么合作生产或合作组织不能成功地维持下去，而恰恰是，为什么一些合作组织（如西班牙蒙德拉贡生产合作社、美国的普利坞合作社或以色列的 Kibbutz）能够维持下去？为什么它们具有较高的生产力？在许多合作组织里，合作的成员平均分享劳动果实，收入的分配实质上独立于每个成员的贡献大小。根据现有的经济理论不难推论，如果每个成员得到的报酬并不是其“工分”的函数的话，那么这种合作生产将会被“搭便车”问题而严重困扰，并必将造成合作组织的瓦解。所以，当我们试图解释为什么存在着较为成功的这类合作组织这一问题时，我们实际上需要回答的是这样的问题：合作组织的成员为什么当其收入并不依赖其贡献大小时还愿意为集体继续做贡献？这恐怕是很多经济学家一直希望寻求其答案的一个重要理论问题。

我们在上一章介绍了合作团队的经济组织理论，特别介绍了麦克洛伊德的“退出成本”理论，在那里，麦克洛伊德(Macleod，1988)从理论上证明了一个合作均衡满足可维持性的条件。他认为，只要合作社成员的退出成本较高，一个合作均衡就是可以维持的，从而调和效率与平等收入分配之间的张力。需要指出的是，在麦克洛伊德的理论模型中，一个社员的偷懒行为是依靠其他社员的“以牙还牙”策略(威胁)来制衡的，在退出成本较高时，这种惩罚性威胁构成了“子博弈完美均衡”。在这里，退出成本较高这一条件显得十分重要，因为它使得其他社员的惩罚威胁对偷懒者来说是“可信”的。这说明，在麦克洛伊德的博弈模型中，已经提到了一个关于可信性博弈(credibility game)的问题，即惩罚性威胁在什么条件下才是可信的。事实上，回忆一下在前面多次讨论可自我执行协议理论时我们提到了大量的“承诺”问题。我们在那里说明了一个合作协议如何演变成可自我执行的协议的条件。我们虽然没有展开更多的分析，但已经隐含着这个可信性博弈的问题。只有一方认为对方的“承诺”是可信的时候，一个合作协议或合约才是可自我执行的。

在本章，我们集中介绍关于可信性博弈的一些理论，通过对这一理论的分析，我们实际上是从一个更一般的层面复述前面我们已经提到的许多非常重要的结论，或者不如说，前面很多理论的结论都可用这个可信性博弈加以重新表述或定义。

5.2　文献的简单回顾

加特曼和辛泽尔（Guttman and Schnytzer，1989）曾经研究了合作社里的对策性努力并发现了一个“悖论”。他们认为，如果把传统的古诺-纳什均衡理论应用于对合作生产组织的研究，人们会自然地预测到具有平均主义特征的合作社（如以色列的 Kibbutz）会受到社员劳动供给不足的困扰，因为每个成员的报酬与其努力或贡献的大小没有直接的关系。但是，该理论又可证明，当按照每个社员的贡献大小来决定每个社员的收入（如古典的 Kolkhoz）时，合作社又可能受到社会劳动供给过度的困扰。从经济学上看，以色列的 Kibbutz 在过去曾经非常有效率，而古典的 Kolkhoz 却无论如何都是失败的。这似是一个“悖论”。

加特曼的研究（Guttman，1987）认为，这个“悖论”可以用对策性匹配博弈（strategic matching）来解开，根据这一匹配博弈，N 个人展开两阶段博弈。在第一阶段，他们选择匹配率(matching rates),该匹配率将每个人的劳动贡献大小与其他人的贡献大小挂起钩来。有了这个匹配率,每个人必定会主动地去考虑他们劳动投入的全部边际产品而不仅仅是他自己在这一边际产品中的份额(在 Kibbutz 里,每个人的份额为全部边际产品的$\frac{1}{N}$)。在第二阶段,他们选择自己的劳动努力程度,并且他们的劳动供给水平由第一阶段决定的匹配率而相互达到匹配。在第二阶段,均衡都是纳什非合作均衡:每个人的匹配率都是对其伙伴的匹配率的最优回应。另外,每个人在第一阶段决定其匹配率时假定对第二阶段的均衡是可以预测的,在这种情况下他运用这一知识来决定他的最优匹配率。因此,整个博弈的均衡是“子博弈完美均衡”。

在这样一个博弈分析框架,我们可以解释上述那个“悖论”。在 Kibbutz 里,集体的产出是在成员内均分的,因此成员全部的劳动供给是一个“公共产品”。在这种情况下,对策性匹配理论预测每个人都倾向于将匹配率定为 1,这个单位匹配率将诱导每个人都将其努力调整到他们全部的边际产品等于他们的时间的机会成本为止,这个均衡是唯一的。与此同时,在 Kolkhoz 里,对策性匹配理论预测,人们将把匹配率选定为高于 1 的水平,因为每个人都想为了增加个人收入而提高自己占全部边际产品的份额。然而,匹配率高于 1 会使整个劳动供给低于帕累托最优水平,这是因为,当其他人按照高于1的匹配率来匹配一个成员的劳动供给时，一个人努力劳动只会降低他的贡献份额。因此，按照这一匹配博弈理论，低于最优水平的劳动供给问题会出现在Kolkhoz中但并不出现在Kibbutz中。

从对上述研究文献的回顾中可以看出，对合作生产问题的研究深入到这个对策性匹配博弈问题的性质中去了。对Kibbutz-Kolkhoz悖论的解决引出了另一个理论问题，由于这个匹配博弈是第二阶段博弈，因此，第一阶段关于匹配的承诺在第二阶段是否真的可以兑现在这里就需要进一步探讨了。在这个博弈中，有理由相信，每个人都有动机不按第一阶段的匹配率来行动而只选择第二阶段的劳动供给。尤其对于一个隐含合约来说，如何才能阻止或防止合约当事人的欺骗行为就成为一个非常关键的问题了。

加特曼和辛泽尔（Guttman and Schnytzer，1989）的研究发现，匹配博弈实际上是一个更大的"可信性博弈"的一部分。他们认为，可以用重复的"囚徒困境"来构造可信性博弈。根据"民间定理"，只要一个人最后一轮的选择并不为其他成员所知道，那么这个博弈的一个均衡就可以是合作性的。但是"民间定理"将意味着很多均衡的出现，有合作性均衡，也有非合作性均衡，因此，必须想办法排除这些非合作性均衡。加特曼（Guttman，1992）在最近一篇讨论可信性博弈与合作均衡的论文中发展出了两种排除这些非合作结果的方法，从而对自愿合作做出了更有力的解释。下面我们主要介绍他的这个理论模型。

5.3 重复博弈与“以牙还牙”

我们考虑一个两人博弈。在加特曼给出的博弈里，C代表工作努力，D代表偷懒。表5－1的矩阵给出了这两个博弈的收益分布。很显然，如果两人选择C，那么他们各自获得1个单位的效用，但若选择D，两人一无所获。如果一人选择D而另一人选择C，那么选择D的人获得$a(a>1)$，而选择C的人获得$b(b<0)$。这是一个典型的“囚徒困境”的两人博弈模式。

表5－1　　囚徒困境的收益矩阵

	C	D
C	(1,1)	(b,a)
D	(a,b)	(0,0)

为了实现合作的结果(C,C)，让我们令$a+b<2$。我们假定上述“囚徒困境”的博弈可重复T次，并且双方都知道博弈重复T次。如果再假定没有贴现问题，每个人都希望使整个博弈的全部收益的期望值最大化，那么唯一的结果(均衡)是：双方都自始至终选择D。我们在本书曾分析过，这个均

衡可以借助于“倒推”的逻辑来说明。在第 T 轮，他们两人一定选择 D，因为博弈在此之后就结束了，选择 D 不再会给他们两个的收益带来影响，D 成了这个阶段博弈的主导策略。这个逻辑可以从 $T-1$ 轮向后递推，一直推到博弈的开头。

但是上述所谓的“终点博弈”(end-game)有一个前提，那就是，每一方都认为对方是理性最大化者，或者说认为自己在和一个理性最大化者进行对弈。现在让我们改变这一假定。令$(1-p)$为对方不是采纳理性最大化的策略而是采纳机械的“以牙还牙”(Tit-for-Tat，或者 TFT)策略的概率。TFT 策略从合作策略 C 开始，以后均根据对方在上一轮采纳的策略而采纳报复性的策略。当然，对这个两人的博弈，作这样一个假定显得过于严格。对于两个人来说，将对方视为机械的报复类型的人是否合理呢？加特曼认为这个假定是可以接受的，因为即使两个人都是理性的，但他们可以是一个更大组织里的成员，而在一个大的组织里可以认为存在着 TFT 类型的人。一旦有了这个假定，“倒推”的逻辑不再适用。因为一方这时候都不再确信对方会在最后一轮欺骗，因此该方在 $T-1$ 轮选择欺骗就不一定是最优的了。克瑞普斯等人(Kreps，et al.，1982)曾证明，只要有一方认为对方是否会在最后一轮选择欺骗是不确信的，那么可能出现欺骗的次数只取决于参数 a、b 和 p，而与博弈可重复的次数 T 无关。这时候，欺骗往往在博弈快结束时才发生。因此，随着

T 的增大，合作的可能性趋近于100%。

克瑞普斯等人的这个理论其实是在双方都不确信对方是否属于TFT类型的人的情况下成立的。如果一方采取在 t 轮“先发制人”的策略，那么一定会暴露他是一个“理性对局人”，因为一个TFT类型的人不会选择先发制人策略。这时候，如果另一方在以后的博弈中不采取欺骗策略来回应，那么他等于也表明了自己是理性类型的人，这会导致一个非合作的结果，因为这时候双方互为知道对方是理性类型的人。反过来说，双方如果选择在 $t+1$ 轮欺骗，反而会提高在今后双方合作的可能性，因为选择在 $t+1$ 轮欺骗不会暴露他是理性类型的人的信息。所以，受欺骗的理性类型的人为了不暴露其“身份”将会模拟TFT类型的人，从而达到合作的结果。

只要对方的行为是TFT类型的，那么任何一个理性的先发制人者将倾向于选择先发制人，然后在博弈结束之前一直欺骗，从而导致一个合作的结果。原因是，采取先发制人然后在以后采取合作策略可获得的利益为 $(a+b)$，而在两个博弈中的合作结果将使他获得2个单位的利益。根据我们事先的假定，$a+b<2$，因此，从C到D然后再回到C的结果劣于一直为C的结果。根据以上分析，要达到合作的结果，双方在 $t+1$ 轮开始也必须欺骗并直至博弈结束。

这一结果出现的可能性取决于理性类型的人占全部成员的比重 p、博弈的时间 T 以及参数 a 和 b。加特曼发现，当

$p>1/a$ 时，出现这一结果的可能性很大。当 p 非常大的时候，或者当与博弈的时间充分短的时候，其博弈均衡为共同欺骗型。但当 p 较小的时候，按照克瑞普斯等人（Kreps et al.，1982）的方法，可以计算出欺骗发生的最大的博弈轮数。这个最大轮数是通过比较采取“先发制人”策略的收益期望值与采取等待策略的收益期望值的大小来计算出来的。等待策略是指一方首先让对方主动采取先发制人的策略，然后自己在下一轮开始采取欺骗对策直到对方重新回到合作。等待策略有一个优点，它在 $T-1$ 轮之前一直合作，但有一个风险，其对手可能在博弈结束前的某个时间 t 采取先发制人策略，使采取等待策略的人有一个一次性的损失 b。很容易证明，采取先发制人策略的收益期望值是 $(t-2+a)$，这里先发制人出现在 $t-1$ 轮。而当对方在 t 轮采取先发制人策略时，采取等待策略的期望收益为：

$$EU_{等待}=(t-1+b)p+(T-1+a)(1-p)$$

图 5－1 又给出了作为 t 的函数的等待策略的收益期望值和先发制人的收益期望值。该图表明，在 t^* 轮之前，等待策略的收益期望值较高，而在 t^* 之后，先发制人的收益期望值较高，令二者相等可以解出 t^*。

$$t^*=T-[(a-b)p-1]/(1-p)$$

不过，加特曼发现，这里没有纯策略均衡，只有混合策略

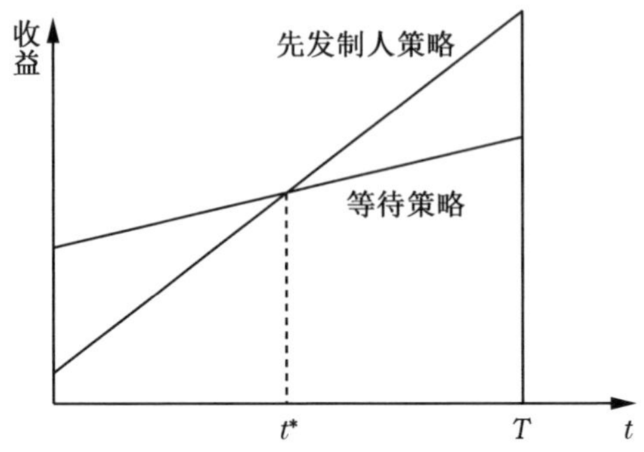

图 5－1　有限重复的“囚徒困境”的收益期望值

均衡①，原因是这里出现对策的循环。例如，第一位局中人可能期望第二位局中人在 $t>t^*$ 的某个时候采取先发制人策略，第一位局中人对先发制人策略的最好对策是在此之间也采取先发制人的策略。第二位局中人可能期望第一位局中人在 $t-1$ 轮采取先发制人策略，而自己则想等待至 $t-2$ 轮再采取先发制人的策略。这个过程一直持续下去直至预期对方的先发制人策略是在 t^* 之前。在 t^* 点，最佳的对策是采取等待策略。而对等待策略的最佳对策是在 $T-1$ 轮采取先发制人策略，从而进入了循环。

加特曼（Guttman，1991）证明，这个博弈存在一个混合策略均衡。在这个均衡中，发生在 t^*-1 或之前的欺骗的概率为零。由于 $T-t^*$ 独立于 T，因此正如克瑞普斯等人（Kreps

① 关于纯策略均衡和混合策略均衡的概念，可参见博弈论的初级教科书。

et al. ,1982)证明的,在博弈结束之前有多少轮欺骗发生与博弈的时间长短没有关系。所以,随着 T 增加,合作结果的比重趋近于 1。

5.4 信誉与合作组织的规模

现在考虑一个合作组织(如合作社)由很多个人组成,每个人在组织里的时间均为 T。在每个时间阶段,每个人都可有一次机会进行囚徒困境式的博弈(简称 PD 博弈)。现在假定选择博弈方的过程是随机的,每个人都可以毫无代价地拒绝一个博弈方并寻找新的博弈方。每个人进入合作社的时间是私人信息,不为他人所知。因此,即使 T 为每个人所知道,但一个人什么时间退出或进入合作社的时间是不为他人了解的。

加特曼(Guttman,1992)证明,对于充分大的 T 和充分小的 b,博弈的结果为所有的人都保持合作行为,而只是在打算退出合作社的时间上偷懒。在这样一个均衡中,一个人在他的最后时间哪怕只有偷懒一次,也会诱导其他所有的人在将来拒绝与他合作下去,从而使他在所有的将来阶段的收益降为零。这好像一旦有人欺骗,所有的人都会使用残酷的以牙还牙策略来惩罚他一样。这个惩罚背后的逻辑是,一旦有人欺骗(哪怕仅有一次),其他所有人都认为这个人的策略是欺骗(D)而不是合作(C),由于其他人可以毫无代价地寻找新的合作伙伴,结果这个人自然变成了没有人合作的“单干户”。我们可以把这个论点稍加形式化。令人们打算欺骗的时间为 T,即博弈的最后一轮。在每个时期,每个人面临对手先发制人的概率为 $1/T$。令先发制人策略出现在 $t \leqslant T$ 的时间上,那么在 t 之前的 $t-1$ 时间上,一个人被对方先发制人的概率为 $1/T$,收益为 $b<0$,从而不被对方先发制人的概率为 $(T-1)/T$,收益为 1。在 t 上,他遇到一个改用欺骗策略的对手的概率为 $1/T$,收益为零,遇到一个采用合作策略的对手概率为 $(T-1)/T$,收益为 a。在所有以后的阶段,没有人与他合作,他的收益为零。因此,他在 t 欺骗的收益期望值为:

$$EU_t = [(t-1)/T]b + [(t-1)(T-1)/T] + [(T-1)/T]a$$

上式对 t 的一阶导数为:

$$\frac{\mathrm{d}EU_t}{\mathrm{d}t} = (1/T)(b+T-1)$$

显然,如果 $T-1>-b$,该导数为 E,所以在 T 之前欺骗给自己带来的收益效应为负,因此,所有的人都希望在尽可能晚的时候(即在最后时间)采用先发制人的策略。

当然,上述博弈中,所有的人都理性地认为对方会采取合作策略。如果每个人都采取欺骗策略,也会是一个均衡。但问题是,每个人都理性地认为对方会合作的预期是否更合理些？让我们假定每个人的预期都是适应性预期，即合作社过去的整体行为会对未来可能产生的行为提供一个预期。如果合作社过去是处于合作均衡中，人们就会预期各自的对方在现在也是合作的。这个对合作的预期足以产生一个合作的结果。这个可能性意味着一个很有趣的结论：过去是合作的合作社今天也趋于合作。

事实上，在合作社里一批合作者的存在对于奖励合作行为而惩罚欺骗行为是至关重要的。一个人发生欺骗以后所得到的惩罚就是没有人愿意与他合作，而一个人的合作行为所得到的奖励就是能够找到与之合作的人。这批合作者相对于合作社的规模来讲可以很小，但只要绝对数足够大就是足以产生对奖惩的预期。这个最小数目的合作者是可以计算出来的。假如一个人的对方在当前合作的概率为 q，欺骗的概率为 $(1-q)$，那么在 t 采取先发制人策略的期望收益为：

$$\mathrm{EU}_t=(t-1)(1-q)b+(t-1)q+aq$$

其对 t 的一阶导数为：

$$\frac{\mathrm{dEU}_t}{\mathrm{d}t}=b(1-q)+q=b+q(1-b)$$

如果 $q>-b/(1-b)$，上式为正。所以只要 q 相对于 $-b$ 来说足够大，其结果将为合作性均衡。

5.5 小 结

从本章对可信性博弈的简单介绍与分析中可以推论出以下几个经验上的含义。第一是,对于有限重复的博弈而言,博弈的时间 T 越长,意味着合作社成员的流动性越小,从而合作更容易维持。但是,在完全没有流动的合作社里,成员彼此知道对方最后一轮将发生什么,在这种情况下,这个合作博弈将瓦解,因为一旦一个人的最后一轮被其他人所知,那么将没有人愿意在最后一轮与他合作,同样,在倒数第二轮,他也没有动机去与他人合作,其他人认识到这一点自然会不愿与他合作,如此类推。

第二个经验含义是,合作的规模过大或过小都将难以维持合作。对于过小规模的合作社,一个人难以无代价地寻找新的合作伙伴;而对于过大规模的合作社,一个人过去出现的欺骗记录较难为他人所知,信誉会变得较不重要。因此,合作的水平将与合作社的规模呈倒U型关系,即过大或过小的合作社趋于维持较低水平的合作,而中型合作社由于近乎完全的信息结构和成员间近乎完全竞争的市场而趋于维持较高水平的合作。本章介绍的加特曼等人的理论研究的正是这后两种合作的条件。他们发展出了关于可信性博弈的两个模型:“以牙还牙”和信誉模型,在一个成员可以流动的合作组织里讨论了实现合作均衡的条件。这些理论解释了为什么有些合作社确能成功。根据本章的理论分析，这些成功合作社的背后都有一个因素，那就是合作社内部成员相互作用以某种方式产生了可信性的信誉基础。

6 偷懒、退出与合作博弈：中国案例

6.1 引 言

我们曾多次提到，在经济学的文献里，究竟是集体(合作)农作制度的效率高，还是单干制度的效率高，是一个具有很大争议的理论问题。20世纪60年代以来，诸多经济学家的工作似乎都表明，集体(合作)农作制度至少从长期来说效率不会比单干制度更低。而且，这些理论工作的优点是，理论上保持了“内在一致性”。但是，一个“好”的理论不仅需要在逻辑上保持内在的一致，而且还要能够解释经验现象。比如20世纪50年代开始的中国农业合作化运动为什么会失败？为什么中国农村重新回到单干(联产承包)制度会大幅度提高生产力(有人估算为20%左右)? 其实,正如我们本书业已指出的那样,早在1972年,阿尔奇安和德姆塞茨(Alchian and Demsetz,1972)对团队生产理论的研究已间接提供了解释:如果对劳动的监督和衡量是不完备的,那么团队成员的劳动积极性就会降低。而公社制向家庭联产承包制的转变之所以能大幅度提高生产力,是因为这一转变使过去的公社社员变成了现在的"剩余索取者",从而也就不再需要监督劳动了。

但是,如果上述理论解说是能够成立的,那么它也必须能够解释中国农业劳动生产力在1958年之前的合作化运动中确实得到提高而1959年以后却大幅度下降这一经验事实。针对1959—1961年的中国农业危机,传统的解释主要是:三年自然灾害、政策失误、公社规模过大造成社员缺乏足够的激励等。1990年,林毅夫(Lin,1990)在《集体化与中国1959—1961年的农业危机》一文中提出了一种博弈论上的解释:由于农业生产上的监督极为困难,一个农业合作社的成功只能依靠社员之间达到一个可自我执行的默契的协议。在此协议下,每个社员承诺付出与他单干时一样大的劳动或努力,但是,这个承诺只有在无限重复的博弈中才是可信的,因而也只有在此条件下才具有可维持的合作均衡。林进一步指出,在合作社里,社员退社权的存在可以使合作社具有重复博弈的性质,而如果社员被剥夺了退社权,其生产过程的性质就变成了一次性博弈（one-shot game）。林证明，1958年之前，社员的退社权是受到尊重的，而1958年之后的公社化运动剥夺了社员的退社权，使自我执行的默契协议无法维持，社员的劳动积极性受到极大的伤害，农业生产力大幅度下降。看上去，林的这一解释显然是"一箭双雕"的。

林毅夫在上述论文中给出的条件可以这样描述：当每个成员可以把退社作为惩罚偷懒者的策略时，每轮博弈就达到了"子博弈完美均衡"，这时候，退社权作为一种威胁策略就被认为是可信的。所以林认为社员的退社权是保证合作社运动成功的"必要条件"。可是，林的这一条件与我们前面曾专门介绍的麦克洛伊德（Macleod，1988）的理论观点是不一致的，因此，董小元（译音）和道（Dong and Dow，1993）在《自由退社能减少生产队中的偷懒吗？》的论文里对这一条件提出了挑战。他们以麦克洛伊德的合作社理论为基础，主张合作社必须给每个社员制造一些退出上的成本来减少个别社员偷懒之后便逃之夭夭的机会。很显然，在他们看来，与林的条件正相反，合作化运动的成功恰恰要求取消社员退社的权利，否则便会给社员因为能退出而萌生的偷懒大开方便之门。如果董和道的观点是正确的，那么在一个不可以退社作为惩罚偷懒者的重复博弈里（一个定义不同的重复博弈），如何才能惩罚偷懒者呢？董和道的假说建议，"以牙还牙"比退社更有效。也就是说，如果社员不可退社，那么相互偷懒就可能是一个可信的报复策略，同样，在每一轮博弈的相互偷懒的策略下都可达到“子博弈完美均衡”。

不过，在我们介绍林的这一博弈论假说之前，先让我们简单回顾一下中国的农业合作化运动以及传统的解释。

6.2 中国20世纪50年代的合作化运动与1959—1961年“农业危机”

1949年新中国成立后不久就转入了经济的恢复与建设。1953年为了配合第一个“五年计划”的实施，政府除了在工业部门实行对重要生产资料的统一分配（称统配）制度从而实现政府对资源的直接计划配置的目标外，在农业部门开始建立所谓的“统购统销”制度。实行农产品统购统销制度的目的是为了保障城市居民的生活资料和加工工业的原材料市场上的私人收购者（俗称“商贩”）的竞争，再加上国有商业部门对农产品采取低价收购政策，国有商业部门自然处于不利的竞争地位。1953年秋收后，国家粮食收购计划在很多地区不能按期完成，而粮食的销量却大大超出计划，形成了不平衡的局面。1953年11月，中央和国务院决定对油料和粮食实行计划收购和计划供应。1954年9月又决定对棉花实行计划收购。1955年8月，政府颁布《农村粮食统购暂行办法》，对统购统销做了详细的规定。而且把烟草、麻类、生猪、茶叶、蚕茧、羊毛等重要副产品及工业原料规定为“派购”类产品。在统购统销制度的执行上，实行了分类管理的办法。一些关系国计民生及外销的重要产品，视为第一类商品，由中央集中管理；对于生产集中、供应面广或需要重点保护供应的特需产品，作为第二类商品，由中央政府实行差额调拨；其余产品作为第三类商品，由地方政府管理。

在建立农副产品的统购统销制度从而将农业产品纳入计划控制和分配体系的过程中，农业生产的组织形式也在走向集体化。1949—1952 年，农村的土地改革基本完成。根据当时（过渡时期）的政策（称为总路线和总任务），土地改革以后采用真正符合农民意愿同时又能利用规模经济的农业生产组织形式，就是以家庭经营为基础的生产互助合作社。由于自愿入社，1952 年参加农业生产互助组的农户占全国农户总数的 40%，而参加农业生产初级社（一种比互助组规模更大一些的生产合作社）的农户只占全国农户总数的 0.1%，几乎可以忽略不计。根据《中国农村的社会主义改造》一书提供的数据，即使到 1955 年，互助合作社仍然是农户自愿选择的组织形式，50.7%的农户参加了“互助组”，仅有 14%的农户参加“初级社”（苏星，1980）。

然而，农业生产集体化的进程在 1956 年以后被人为地加快了。到 1956 年初，参加农业生产合作社的农户从 1955

年的14%急剧上升到80.3%,进而在1956年底达到96.3%。尤其是这一时期一种更大规模的农业生产高级合作社(高级社)得到政府的鼓励和强制推行。1956年底,被强行加入"高级社"的农户猛增到87.8%(苏星,1980)。

1958年,一种更加激进的发展战略"大跃进"被全面执行了。为了实现"大跃进"提出的在短时期内"赶英超美"的战略目标,政府急剧扩大了基本建设的投资规模,因而征购粮食的比重也要扩大。为了配合这一战略,农业的集体化进程进一步加快了,原来的生产合作社被强制性地转变为"人民公社"。1958年4月至9月,占全国98.2%的农户被组织在2万多个"人民公社"里,在差不多一年时间里实现了以"公有制"为主的农业集体化变迁(邹至庄,1984)。1958—1981年,"人民公社"制度成为中国农业生产的基本组织形式。

农业部门的"人民公社"是一种生产组织,但同时又是政治及行政单位,每个公社实行公社、生产大队和生产队三级所有制。表6—1给出了人民公社的规模数据。以1965年为例,平均每个公社有8.7个大队,每个大队8.3个生产队,如果按每个生产队109人来计算,那么1965年每个公社约有人口数7 871人。在这么庞大的组织里,农民(其实不仅仅包括农民)集中劳动,劳动遵循计划安排和指令分派。每个公社由一个管委会领导,基建规则由大队执行,种田则由小队(生产队)负责。每种作物使用多少土地,用什么样的方法来耕种等决策均由公社和大队集中做出。当然，每个生产队都有一个生产指标，并且必须将产品按规定的收购价格上交政府。

表 6—1　　中国农村人民公社及其规模(1958—1980)

年份	人民公社数目	生产大队（千）	生产队（千）	公社户数（百万）	公社人口（百万）	每公社大队数	每大队生产队数	每生产队人口数
1958	23 630			128.61	560.17			
1962	74 771	703	5 580	134.10		9.4	7.9	
1965	74 755	648	5 412	135.27	591.22	8.7	8.3	109
1979	53 348	699	5 154	174.91	807.39	13.1	7.4	157
1980	54 183	710	5 662	176.73	810.96	13.1	8.0	143

资料来源：《中国统计年鉴》(1981)，第 133 页。转引自邹至庄(1984)，第 136 页。

回顾 20 世纪 50 年代的合作化运动，人们发现，政府对合作化的态度起初是谨慎的和渐进的，农民被鼓励和积极地加入各种以自愿为基础的合作社。然而，在 1955 年夏，党内集体化的积极倡导者在辩论中获胜，尽管 1955 年底，只有 500 个高级社，但到 1957 年冬天，已建成 753 000 个高级社，有 1 190 万农户进入这种形式的合作社。①

合作化的进程在其初始阶段无疑是成功的。它没有受到农民的有力抵制，且进行得相对平缓。尽管在 1952 年至 1958 年间，人口增长了 14.8%，但以 1952 年价格衡量的农业总产值增长了 27.8%，在同一时期，谷物产出增长了 21.9%。

---

① 转引自林(Lin，1990)。

这一经验大大鼓舞了党内的领导人，并使他们采取了更大胆的行动。为了大规模动员劳动力以解决农业中的大型项目的建设，政府将 150 个农户集中成一个更大的单位。基于这一理由，1958 年积极推进了一项新政策，以作为工业中的“大跃进”的一部分。从 1958 年 8 月末到 11 月初，仅 3 个月内，就有 753 000 个生产合作社合并成 24 000 个公社，它由 12 000 万户农户组成，约为 1958 年中国总农户的 99%。数以百万计人口的劳动者受到动员，然而，公社化运动导致 1959 年至 1961 年间严重的农业危机。农业总产值在 1959 年下降了 14%，1960 年又下降了 12%，1961 年又降了 2.5%。最为惨重的结果是，1959 年的谷物产量猛降了 15%，1960 年又降了 10%，1961 年也保持在同样十分低的水平，大量人口超额死亡的危机，是农作制度失败的直接结果。①

在农业危机发生以后，人民公社体制没有被废除，不过它的功能已降为管理与协调层次。从 1962 年开始，生产资料的所有制，对生产管理的责任，以及为了收入分配而进行的核算，都下放到了由 20～30 户组成的生产小队。这一新制度实质上是 20 世纪 50 年代初级社和高级社的混合。收入分配是基于每个成员所挣得的工分，但是生产队的规模与生

① 转引自林(Lin，1990)。

产管理却类似于初级社。1962 年后，进行了一些改进工分评价的试验；不过，生产队体制直到 1979 年开始的以家庭为基础的农作制度改革之前，一直是基本的农作制度。一直到 1983 年末，中国有 94.4%的农户采取了以家庭为基础的新农作制度，这一制度现在被称为家庭承包责任制①。

总而言之，在 1979 年采用以家庭为基础的农作制之前，农业发展战略可概括如下：合作化在最初是一种自愿的运动，但在 1958 年秋变成了带强制性的运动。在 1959—1961 年的农业危机以前，合作化主要被用来动员劳动力，以建设劳动密集型项目和增加农业生产的传统投入；危机过后，现代化技术和投入得到了更多的强调(Lin,1990)。

6.3 对“农业危机”的传统解释和博弈论假说

中国 20 世纪 50 年代的农业合作化运动，是西方研究中国经济和社会的学者讨论最多的论题之一。合作化从 1952 年开始，它在最初几年取得了非常显著的成功：1952—1958 年，农业产出连年增长。这一运动没有受到农民的有力抵制，推进得也相对平缓。有的经济学家认为，中国的合作化

① 人民公社制度是 1983 年 4 月被政府宣告解体的。

运动避免了苏联在1929年的集体化所导致的灾难性后果，它为那些欠发达的人口密集性经济提供了一个农业发展的模式。然而，好景不长。对这一成功的赞美很快就销声匿迹了。1959年起，中国农业生产突然出现了连续三年的剧烈滑坡，出现了严重危机。

关于合作化运动在初期取得成功后为什么会出现农业生产的突然滑坡，几种现成的假说认为：是连续3年的自然灾害，政策失误，加上不良的管理，以及因公社规模过大引起的激励机制问题。

自然灾害假说最初是由政府在解释这场灾难时使用的。不过，在幅员辽阔的中国，不大可能每一地区连续三年都遭受了坏天气的破坏。当然，由于农业对气候的变化很敏感，这一假说也不是不可能的。但如果气候事实上是农业生产滑坡的主要原因，那么，当气候回到正常状态时，农业生产率也应迅速回复到坏天气以前的水平(Lin,1990)。

政策失误假说，即公社化运动期间，中央和地方贯彻了一些错误政策，以及公社内存在不良管理。这是事实。地方领导很难处理像公社这样大的农场实体里的复杂行政事务，生产计划上的严重失误，资源的不当配置以及集体财产的不当处置，确实都有可能使生产受到极大破坏。由于这些失误，农村地区的食物可得量在危机期间急剧下降。幸运的是，大多数问题很快得到了中央领导的认识，中央政府采取一系列措施来纠正这些问题。到 1961 年底,大多数政策被政府纠正了:将劳动力动员到灌溉项目的政策被废止,生产决策权被分散到平均规模为 20～30 户的生产队,收入分配再度转向高级社阶段普遍采用的制度,公共食堂被废除,国家强制征购的谷物量降至危机前的水平。当然,政策失误和管理不良无疑对这一灾难的严重性负有责任,不过,如果它们是危机的主要原因,当 1962 年政策恢复后,农业生产率应能很快回复到公社化运动前的水平。

在现有的解释中,公社中由于它的规模不当所产生的激励问题似乎是农业突然滑坡的最可信原因。但是林(Lin,1990)认为,如果灾难是由像公社规模不当的激励问题造成的,那么,在生产队作为生产管理与核算的基本单位后,农业生产率也应与前两种情形一样,不久就能回复到公社化运动前的水平。一个生产队的规模毕竟也只及一个初级社的规模,而且生产队的收入分配方式又类似于高级社中的分配。

上面的观点是对中国农业危机(1959—1961)的几种可能解释。但林在其论文《集体化与中国 1959—1961 年的农业危机》(Lin,1990)中提出了一个博弈论的解释,认为这一运动初期成功又突然滑坡的主要原因,更有可能从 1958 年秋集体化的性质从重复性博弈变为一次性博弈中得到解释。

但由于林的博弈论假说并非是用正规的博弈论方法严格表述的,因此,在这里,我们只能引用林(Lin,1990)的这一

假说的文字表述。林在论文中说:

> 我在本文中要揭示的是,上面的假说是与经验证据不相符合的。我认为,1959—1961 年的滑坡主要是由于从 1958 年秋天开始农民退社的自由被剥夺所造成的。从博弈论的观点来看,组织形式的这种转变使一个合作社的性质从一种重复博弈(repeated game)变为一次性博弈(one-time game)。生产之所以会滑坡,是由于一个农业合作社的成功最终取决于一个可自我执行的协议。在这一协议下每个成员都允诺对他自己进行约束。然而,在一次性博弈中,一个可自我执行的协议是无法维持的。

正如我们前面提到的,在合作化的早期阶段,自愿的原则得到了强调,且遵守得相当好。政府积极说服农民加入各种形式的合作社,不过,农民有权决定他是否加入一个合作社;在他们加入一个合作社后,他们仍然可以退出其成员资格,也可将他们的资产从合作社中撤出。林(Lin,1990)认为,直到 1957 年末,从国家到地方政府,指导原则基本上是不违背这一运动的自愿主义原则。公社建立以前,合作化遵循自愿原则的最有力证据是,为数不少的报告表明,许多地区的农民从合作社退出,导致相当多的合作社解散。然而,合作化运动的初始成功使党的主要领导人采取了一个更为激进的行动，坚持渐进主义的领导人受到了批判。1958 年夏季，农村公社化浪潮叠起，对农户而言，加入“人民公社”成了一个政治任务，公社成员的资格变成了强制性的，因而在实际上，农户从合作社退出的权力被剥夺了。在 1962—1978 年的 16 年，证据表明，既不允许任何一个农民从生产队自由撤出，也没有任何一个生产队因为社员撤出而垮台。

基于对这一段时间的合作化运动的经验观察，林（Lin，1990）提出了他的博弈论假说：

> 从博弈论的观点来看，退社自由权利的剥夺对合作社的激励结构有显著影响。当一个合作社是以自愿原则为基础组织的时候，在每个生产周期结束时，一个合作社的成员可以决定他们在下一个周期是否还参加合作社。如果他发现成为合作社的成员境况会更好，他将保留他的成员资格；否则，他将会从合作社中退出。事实上，在中国，由于一个农户持有的土地非常分散，规模也十分狭小，单个农户难以独自饲养一头牲畜，但通过几家农户的土地与农具的集中就可以获取某些收益（Chinn，1980）。不过，从规模经济中获益可能被由农业生产中监督的困难引起的激励问题淹没了。为了使合作社成为一个有效的制度，要求对监督进行某些有效的替代。当监督的成本很高

时,一个有效的替代是合作社成员之间的可自我执行的协议。在这一协议下,每个成员承诺提供同他在自己的农场劳动时一样大的努力。但事实上,由于人们在个人偏好、能力、禀赋上的异质性,一个成员可能会觉得他通过违约能获利更多;也就是说,他将违背承诺,不贡献像他最初提供的那样大的产量。当这种情形发生时,合作社的其他成员就不得不决定是留在合作社,并允许这一成员继续违背协约,或是从合作社退出,重新从事家庭农作。如果他们发现由这一成员的违约导致的损失大于从规模经济中获取的收益,合作社就会解体。不过,合作社的可能解体会使偷懒的人再考虑他的地位:他是应该违背承诺,使合作社解体,还是应该遵守策略,以免合作社解体呢?如果他在这一生产周期偷懒,他在该周期结束时肯定能获取更多的收益;但是在合作社解体的情况下,他将失去从第二轮的规模经济中获取的收益。如果未来损失的折现值大于当期的一次性收益,这样,他就会遵守协议。因此,一个合作社解体的威胁会大大降低偷懒的发生,这一潜在的威胁也能保证,一个以自愿为基础形成的合作社的生产量,至少同这些农户个别生产的总和一样大。即便是最坏的境况,即合作社解体了,农户的生产也同样能保持合作社建立之前的水平。

然而,当一个合作社是强制时,从退出的可能性来看,合作社的性质就变成了一种一次性博弈。人们就不再可能用退出来保护自己,可自我执行的协议在一个“一次博弈”的合作社中就无法维持(Telser,1980)。监督成为保持劳动激励和合作社生产率水平的关键。如果监督是有效的,报酬的支付与每个人对生产的努力密切相关,劳动的激励将较高;相反,如果监督是无效的,且报酬的支付与每个人对生产的努力贡献不密切相关,劳动的激励将较低。由于农业生产中的监督相当困难,且成本较高,在一个强制形成的农业社中的劳动激励必然很低,一个农民就不会像他在家庭农场时一样努力劳动(Lin,1988)。因此,一个合作社的生产率水平将低于单个家庭农场所达到的生产率水平,合作社就会被“囚徒困境”所困扰。从博弈论的观点来看,合作化运动在1952—1958年的最初成功,可能归因于这一时期运动的自愿性质,合作社成员仍有退出的自由。1959—1961年间农业生产的突然滑坡则主要是1958年秋运动从自愿的性质变为强制的性质、退出的权力被剥

> 夺的结果。坏天气、政策失误和管理不良、公社的规模都对灾难的严重性负有责任，然而，它们都只是这场危机的第二位原因。如果博弈论假说是正确的，那么将发现，1962 年后生产队时期的农业生产率要低于 1952 年前单个家庭农场时期的水平，也低于 1952—1958 年自愿合作化运动时期所达到的水平。其理由是，生产队是一种强制性的合作社，顺乎自然的就是，在生产队体制下劳动的激励和生产率都要低于单个家庭农场和自愿形成的合作社下的劳动激励和生产率(Lin，1990)。

为了验证这一博弈论假说，林基于唐(Tang，1984)、文(Wen，1989)以及其他学者对中国农业全要素生产力的增长率估计值研究了农业危机前后与危机期间的变动情况，特别是利用了文的估计值(见图 6－1)。我们从图 6－1 中看到，1952—1988 年的全要素生产率指数可分成四个时期，即 1952—1958 年、1959—1978 年、1979—1983 年及 1984—1988 年。在 1952—1958 年的第一个时期，也就是说在自愿合作化时期，全要素生产率表现为一个上升的趋势，尽管其幅度非常小。1959—1960 年，即开始实行强制性合作化的时期，全要素生产率急剧下降，且在整个第二时期一直处于比第一时期达到的全要素生产率低 20％的水平。第三时期的记录显著上升，这是一个合作化解体的时期，到 1983 年即实行家庭承包责任制以后，全要素生产率才恢复到 1952 年的水平。这一生产率的变化模式与博弈论假说的推论相一致。因此，林（Lin，1990）认为可以从证据推断出，激励结构的变化是由于一个集体农场中退出的权利被剥夺了，也就是说，1958 年秋集体化从自愿性向强制性的转化，是 1959—1961 年灾难的主要原因，传统的假说只是第二位的解释。

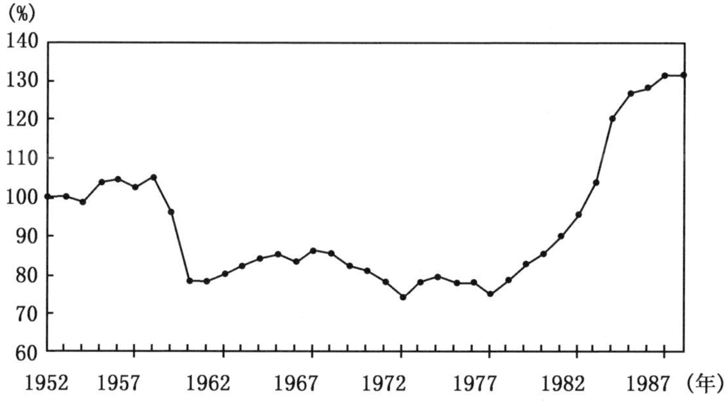

图 6—1　中国农业全要素生产率指数（1952—1988）（1952＝100）

6.4 小　结

不过，林（Lin，1990）的这一解释引起了很大争论。美国的《比较经济学》杂志于 1993 年 6 月开辟专题论坛组织了这次讨论。总体而言，在 8 位参与讨论的学者的 6 篇论文中，对

1959—1961年中国农业危机提出了多样化的解释。但是，这次讨论的意义在更大程度上是理论方面的，实质上是关于可自我执行的合约或默契理论的回应。

我们在本书前面的介绍中已经表明，在经济学上，合作社理论、工人管理的理论以及利润分成理论等历来是个研究热点，其核心问题是研究怎样克服这些制度安排下的个人偷懒或搭便车动机，也就是研究在什么条件下才得以保证个人在集体制度下的劳动收益至少应与他在单干时的劳动收益水平相当。随着博弈理论在重复博弈方面的突破性进展，对上述问题的研究被大大推动了。如果用重复博弈理论来看待上述问题，那么问题就变成了研究在重复博弈里什么条件才能保证作为默契的合作均衡策略是可自我执行的。一个可自我执行的协议要求该协议对各方都有不低于“签约”前的利益水平。但这个更好的利益状况只有在每个成员都能履行承诺，提供不比单干更低的劳动量才能保障。那么，在什么条件下才能做到呢？这正是关于中国农业危机（1959—1961）的理论解说这场争论的焦点。

7　报复、退出与合作均衡：进一步讨论

7.1　引　言

林的假说引起了国际同行的商榷与讨论。美国的《比较经济学》杂志在 1992—1993 年辟专题组织了这场讨论。主要的批评意见似乎是基于麦克洛伊德(Macleod,1988)的模型而提出来的。特别是在《自由退社能减少生产队中的偷懒吗?》一文中,董和道(Dong and Dow,1993)认为,林的假说与关于合作社的现有研究文献相悖。至少,根据麦克洛伊德(Macleod,1998)的研究结论,一个合作社的成功可能恰恰需要对社员的退社行为施加约束或成本,不然的话,社员趋于“偷懒然后退出”。他们构造了一个简单的博弈论模型,讨论

并比较两种维持合作均衡的方式，一是社员拥有退社权，偷懒的社员因为其他社员的“退出”而收敛其偷懒行为。另一种情况是，社员没有退社权，但偷懒的社员会因为其他社员的报复性偷懒而受到“惩罚”。他们的模型显示，报复性策略通常比退出更有力，但报复性策略这种所谓的“相互监督”只有在退出受到限制的条件下才有效。正因为合作效率是由退出成本而不是通过退出权来支持的，因此，他们认为林的解释在理论上就成问题了。现在我们通过评述他们的理论模型来重现上述结论的理论论证的逻辑。我把这个过程视为对本书以前理论内容的一个“复习”和一个“应用”。

7.2 报复性策略与退出成本

一次性博弈模型

假设有 n 个社员的一个合作社，其社员的效用函数为：

$$U_i=y_i-v_i(e_i) \quad (i=1,\cdots,n) \qquad (7-1)$$

这里 y_i 和 e_i 分别为收入和劳动努力，令 $v'_i>0, v''_i>0$，$v_i(0)=0$。v_i 对不同的社员是不一样的，因此，社员对收入和闲暇的边际替代率是不同的。再令 E 为合作社的劳动供给，其生产函数为：

$$\begin{cases} q=0, & \text{如果 } 0\leqslant E\leqslant F/Q \\ q=QE-F, & \text{其他情况下} \end{cases} \tag{7—2}$$

这里 F 相当于固定成本，F/Q 为单位用于补偿生产所需支付的劳动，它表明在生产出收入以用于分配之前的需消耗掉的产出单位。边际成本为常数，平均成本为 F/q，并随产出增加而下降。这里使用线性生产函数可以保证一个有效的合作社的劳动供给与私人农庄（或单干户）的水平相当。

在上述设定下，一个私人单干户的最优化问题为社员 i 解出其最大的效用水平，即

$$\max_{e_i}\{Qe_i-F-v_i(e_i)\} \tag{7—3}$$

从而最优水平的努力 e_i^* 要满足：

$$Q=v_i'(e_i^*) \qquad (i=1,\cdots,n) \tag{7—4}$$

如果我们假定在合作社之外单干是存在着的，这意味着 $Qe_i^*-v_i(e_i^*)\geqslant F$，否则单干或私人农作就没有必要存在。在私人农作或单干户下，自然没有激励问题，因为产出不为他人所分享。但其劣势是丧失了规模经济，因为他自己必须承担固定成本 F。

现在我们假定在合作社里，每个社员的收入是合作社总产出的平均值（平均主义分配），那么：

$$y=\frac{1}{n}\left[Q\sum_{j=1}^{n}e_j-F\right] \tag{7—5}$$

这时候，合作社的总效用最大化为：

$$\max_{(e_i,\cdots,e_n)} \sum_{j=1}^{n}[Qe_j - v_j(e_j)] - F \qquad (7-6)$$

其一阶条件仍为(7—4)式，合作的最优努力向量为：

$$e^* = (e_1^*, \cdots, e_n^*)$$

最后考虑一种情况，社员在合作社里非合作性地决定自己的努力水平。给定了其他社员的努力水平 $\bar{e}_j$，一个社员的最优努力水平 e_i 可以由下面的最大化问题来解出：

$$\max_{e_i}\left\{\frac{1}{n}\left[Qe_i + Q\sum_{j\neq i}\bar{e}_j - F\right] - v_i(e_i)\right\} \qquad (7-7)$$

社员个人努力的纳什均衡水平 e_i^N 满足一阶条件：

$$\frac{Q}{n} = v_i'(e_i^N) \qquad (i=1,\cdots,n) \qquad (7-8)$$

由于 v_i 的凸性，故 $n \geqslant 2$ 时，必有：

$$e_i^N < e_i^*$$

(7—8)式表明，e_i^N 独立于其他社员的努力水平，因此选择 e_i^N 为一次博弈中每个社员的“主导策略”，$e^N = (e_i^N, \cdots, e_n^N)$ 为一个主导策略均衡，或“囚徒困境”式均衡，付出向量 e^* 水平的努力是合作社的集体利益之所在，但合作社的社员却有强烈的动机采取偷懒的策略 e_i^N。

以上对这个一次性博弈的合作社模型所做的定义和分析可以得出以下四个关于社员效用水平的结论：

(1)当合作社的社员采取合作策略时，则：

$$U_i^c = \frac{1}{n}\left[Q\sum_{j=1}^{n} e_j^* - F\right] - v_i(e_i^*) \qquad (7-9a)$$

(2)当合作社的社员采取不合作策略时,则:

$$U_i^N = \frac{1}{n}\left[Q\sum_{j=1}^{n} e_j^N - F\right] - v_i(e_i^N) \qquad (7-9b)$$

(3)当他人合作而自己偷懒时,则:

$$U_i^s = \frac{1}{n}\left[Qe_i^N + \theta\sum_{j\neq 1} e_j^* - F\right] - v_i(e_i^N) \qquad (7-9c)$$

(4)当单干时,则:

$$U_i^P = [Qe_i^* - F] - v_i(e_i^*) \qquad (7-9d)$$

重复博弈

我们已经提到,在林(Lin,1990)的假说里,社员的努力水平是难以由第三方监督的,因此,一个合作社的成功必然要求这个隐含的努力合约是可自我执行的。但是,在林那里,这个可自我执行的合约是由社员的退社权来保证的,这意味着一个社员的偷懒行为可以由其他社员的退出威胁来制止,因为当其他所有社员都退出合作社时,偷懒者实际上已变成单干户,这对于自愿入社的社员来说,变成单干是一种“惩罚”。林认为,当社员的退社权被剥夺以后,这个博弈的性质便改变了,变成了一个一次性博弈(one-shot game),因为社员的偷懒行为在其他社员不能退社时已受到惩罚。

董和道指出,林的这个结论是错误的。社员的退社权被

剥夺并未改变他们博弈的性质,社员之间的博弈仍然是可重复的。他们认为,当社员不能退出时,其他社员可以在今后的博弈中以相互偷懒来惩罚偷懒者,甚至相互偷懒的威胁远比退出威胁有力得多。他们根据麦克洛伊德(Macleod,1988)的理论指出,当偷懒者真能够退社时,退社权将降低而不是保证努力劳动的激励。下面我们介绍董和道对这一结论的简单论证。

假定合作社社员之间的"努力博弈"是可无限重复的,并且社员 i 用贴现率 $\delta_i \in (0,1)$ 来折算未来的利益。假定社员可以选择以下惩罚性策略:在博弈的第一轮工作努力,选择最大的努力水平 e_i^*,然后,只要其他社员不发生偷懒行为就一直选择 e_i^*,即继续努力工作,但是,只要有人偷懒就采取惩罚性策略。这里,董和道为了说明林的结论而区别了两种惩罚性策略,一是继续留在合作社里,但也选择偷懒予以报复,即选择 e_i^N,这可称为报复性策略;二是退出合作社,成为一个单干户,我们称之为退出策略。假定这两种惩罚性策略都满足"子博弈完美均衡",因而都是可信的。

显然,当且仅当下式成立,社员 i 的偷懒才能被有效地抑制住:

$$\frac{(U_i^c)}{1-\delta_i} \geqslant (U_i^s) + \frac{\delta_i \overline{U}_i}{1-\delta_i} \qquad (i=1,\cdots,n) \qquad (7-10)$$

这里,U_i^s 和 U_i^c 分别是偷懒和合作的一次性收益,我们在前

面的分析中已经定义过［参见（7－9a）式和（7－9c）式］。δ_i 是未来收益的贴现率，$\overline{U}_i$ 是惩罚阶段的一次性收益。（7－10）式的左端为长期合作的未来收益的贴现值，右端是一次性偷懒的收益加上以后阶段由于其他社员开始采取惩罚策略而所能获得的收益的贴现值。（7－10）式自然表明，长期合作带来的多期未来收益之现值必须不小于偷懒的一次性收益与在惩罚策略下的未来收益之现值之和。

上面我们提到，社员有两种惩罚性策略可以选择。对于第一种惩罚性来说，由于其他社员不能退出合作社，只能选择报复性偷懒策略，即选择 e_i^N。当其他社员选择这一策略时，整个博弈变成了不合作博弈，在这一博弈里，社员的收益正好可由前面的（7－9b）式来表述，因而 $\overline{U}_i=U_i^N$。对于第二种惩罚性策略即退出策略来说，社员的收益其实是单干的收益，因此，社员的收益恰好可以用前面的（7－9d）式来表示，即 $\overline{U}_i=U_i^P$。

很显然，当 $U_i^P>U_i^N$ 时，社员的相互偷懒策略比退社策略更有效。可是，当社员有退社的自由时，相互偷懒或报复性偷懒策略是不可信的，因为偷懒的社员总能退出合作社并获得 U_i^P 的利益。所以，退社权构成了对合作博弈的一个威胁。不仅如此，董和道还认为，社员的退社权甚至还会导致合作博弈的崩溃和瓦解。为了说明这一点，先假定社员是没有差别的，这样我们可以省去下标 i，当不存在退社权时，条

件(7—10)式可以重新表达成：

$$\delta \geqslant \underline{\delta} \equiv \frac{U^s - U^c}{U^s - U^N} \tag{7—11a}$$

当社员可以退社时，该条件变为：

$$\delta \geqslant \bar{\delta} \equiv \frac{U^s - U^c}{U^s - U^P} \tag{7—11b}$$

如果我们假定 $U^P - U^N$，从而 $\bar{\delta} > \underline{\delta}$。这里有三个情况。如果 $\delta \geqslant \bar{\delta}$，那么无论社员能不能退社，合作总是可以维持下去的。如果 $\underline{\delta} > \delta$，那么合作是根本无法达到的。第三种情况是 $\bar{\delta} > \delta \geqslant \underline{\delta}$，在这种条件下，合作仅当社员不能退社时才能维持。所以，社员的退社权会导致合作社的解体，因为在可退社时，社员的最好对策是先偷懒，然后退出合作社变成单干户。

如果我们假定社员是有差别的，董和道认为其结论仍然成立。他们认为在下列两个条件下，社员的相互偷懒策略比退社策略更优越：①社员对闲暇的偏好不太多样化，生产中的规模经济不太显著；②合作社的规模充分的大，并且存在于一个单干是可行的环境中。要证明这一结论是不难的。只要 $U_i^P > U_i^N$，报复性偷懒策略就会比退社策略更有力。这个不等式可以写成：

$$\begin{aligned}&[Qe_i^* - v_i(e_i^*)] - [Qe_i^N - v_i(e_i^N)]\\&> Q(e^{-N} - e_i^N) + F(1 - 1/n)\end{aligned} \tag{7—12}$$

这里 e^{-N} 是 e_i^N 的平均值。(7—12)式的左端是严格为正的，

因为 e_i^* 将$[Qe_i - v_i(e_i)]$最大化。在这种情况下,右端的两个表达式只需充分小就行了。事实上,只要社员的差别和对闲暇的偏好不太多样化,右端的第一项式会为正,但数值很小,因为当社员的偏好差别不大时,偷懒者的努力水平不会与平均的偷懒水平相差过大。F 是固定成本,当规模经济不太显著时,(7—12)式就对所有的 i 成立。因此,单干会比相互偷懒产生更高的收益,因而限制退社能加强社员合作的激励。这就证明了第一个结论。

利用(7—8)式以及努力函数的凹性,很容易推知,当 n 趋于无限大时,e_i^N 越近于零。但我们又知道,最优的努力水平 e_i^* 与 n 无关,因此(7—12)式可以简化成:

$$Qe_i^* - v_i(e_i^*) > F \tag{7—13}$$

(7—13)式表明,只要单干的收益为正,上式就成立。因此董和道的结论认为,当单干是允许的,那么不管社员的偏好有何差别,只要限制社员的退社自由,努力的激励就可以提高。这就反驳了林的结论,林认为在大规模的合作社里,退社自由有助于提高社员的努力激励。董和道这里的结论再现了麦克洛伊德(Macleod,1988)的理论命题,在那里,只要对社员的退社权施加某种成本就可以满足这里的要求,比如对入社的社员要求支付一个"定金",退社时无法领回这笔"定金"。

当然,人们对上述结论会提出一个问题。报复性策略是否可信？在董和道的理论里，他们认为只要报复性策略是每个阶段上的子博弈完美均衡就可以了。至于"子博弈完美均衡"是否足以保证威胁的可信性(credibility)，那就是另一个理论问题了。我们曾多次提到这个问题。而林在回应董和道对他的批评中明确指出了这个可信性问题。林(Lin,1993)认为，一个威胁要是有效，它必须是可信的。而在一次性博弈中，最终的结果是每个社员的努力为零，这意味着，要惩罚偷懒者，其他社员必须"饿死"。既然这是不可能的结果，那么对偷懒者来说，其他社员的威胁策略(即相互偷懒或报复性偷懒的策略)就不是可信的。这自然引出了一个一般的问题，几乎对所有的可自我执行的合约来说，惩罚性策略的脆弱的可信性都是一个问题。正如我们已谈到的，正是这个问题才导致人们对"子博弈完美性"提出质疑，并去进一步发展这一概念，后者被称为"不可再改进"(renegotiation-proofness)问题[①]。

"再改进"问题的存在与惩罚策略的社会成本有关。如果对偷懒者的惩罚从社会意义上说不是最优的，比如，相互偷懒的结果意味着社员愿意饿死，这不是社会意义上最优的结果。既然这样，当有人偷懒之后，社员们能够坐下来讨论

① 关于"不可再改进"问题，我们在本书第一章做过简单介绍，也可参见伯金和麦克洛伊德(Bergin and Macleod,1993)的综述性文章和他们对这一问题的理论探讨。

一下，指出在上一轮发生的偷懒是错误的行为，社员们应该重新选择一个更有效率的均衡而不是实施惩罚性策略。但如果此举是可信的，那么偷懒者会更有偷懒的动机。这便出现了所谓的“再改进”的悖论。

一般来说，一个均衡是“不可再改进”的，当且仅当参与者作为一个整体无法再找到一个“更好”的结果，否则他们通过不断协商总能找到一个令双方都满意的结果。然而，正如我们刚刚提到的那样，当参与者能够通过再改进避免坏结果出现的时候，另一个困境出现了，那就是威胁策略的力量被大大削弱了，而这又反过来降低了获得更好结果的可能性，所以，再改进导致了一个两难困境：当再改进是可行的时候，威胁策略就不再那么可信了，从而一个更好的结果往往无法维持。因此，为达到一个更好结果的再改进，必然要求坏结果是“不可再改进的”，不可再改进均衡概念的发展主要是为了解决“子博弈完美均衡”的局限性，因为子博弈完美均衡只是要求协议或默契在每个子博弈阶段上做到可自我执行，但满足子博弈完美性要求的均衡可以是一个非常不好的结果，从而引出了一个重要的问题：子博弈完美性是否是维持合作均衡的唯一条件？对这个问题的研究导致了再改进和不可再改进理论的发展。

伯金和麦克伊德(Bergin and Macleod，1993)在《重复博弈中的效率与再改进》一文中回顾并评论了不可再改进均衡概念的发展。他们的研究认为，到目前为止，效率与可自我执行协议之间的这个冲突在博弈论上还没有完全解决。在很多情况下，子博弈完美性这个显得有些脆弱的概念仍然在支撑着可自我执行的协议的有关理论。

7.3 退出成本与退出权

正如我们在本书的理论介绍所隐含的那样，尽管有大量的证据表明，合作社常常可以比传统的"资本主义"企业享有更高的生产力水平[①]，但这种证据的经济逻辑并非十分清楚。相反，大量的关于团队生产或利润分成制的研究常常得出相反的结论，即合作生产趋于导致成员努力水平不足的后果。例如，米德（Meade，1972）在其经典论文《工人管理的企业与利润分成制理论》中指出，收入的平均分配在"一次性"的合作关系中无法提供足够的劳动激励以保证生产的效率。1982 年，霍尔穆斯托姆（Holmstrom，1982）发展了一个静态模型并进一步证明，在团队生产中，无论使用什么规则，收入的均等分配趋于导致"搭便车"问题，从而偷懒趋于在一次性关系中盛行。

然而，正如我们在本书第 4 章介绍的那样，霍尔穆斯托

① 可参见 Estrin，Jones and Svejnar（1987），Blinder（1990）等所做的经验实证研究。

姆的这个理论受到了麦克洛伊德(Macleod,1988)的挑战。事实上,霍尔穆斯托姆的结论意味着,合作社成功的一个重要因素必然要包含其某种形式的“长期关系”。麦克洛伊德从而把目光从一次性博弈转向了无限重复博弈。他运用弗里德曼(Friedman,1971,1977)的工作,发展了一个合作社的静态理论,并证明,只要合作社的生产关系是可无限重复的,即使外在的监督不存在,一个均等的收入分配也会在某些条件下达到一个有效率的均衡,因为他证明,生产关系的无限重复使得社员运用报复性策略来惩罚偷懒者变得可信和可行。

麦克洛伊德的这个均衡是这样达到的:假设合作社的全体社员在每个社员所需要提供的努力水平问题上达成了一致协议,接下来的问题就是如何来执行这个“隐含合约”或“默契”的问题了。如果总的产出低于默契的水平,那么在下一轮,所有的社员都选择一次性博弈的纳什-古诺均衡的努力水平(即相互偷懒)直至那个偷懒者受到惩罚,也就是说使偷懒者的收益小于不偷懒时的水平。但是,要达到这个均衡,社员的相互偷懒或报复性偷懒的策略必须对偷懒者来说是可信的,即在每个阶段上满足“子博弈完美性”。而满足这一条件的一个前提又必须是,偷懒者在此后的博弈阶段上不能逃避其他社员的惩罚。这意味着,要使合作社的“默契”能够做到可自我执行,必须对偷懒者施以某种形式的“退出成本”。

麦克洛伊德(Macleod,1993)在参与关于中国农业危机

(1959—1961)的理论讨论中结合自己发展起来的这一理论评论了退出成本在解释中国农业合作化运动失败中的作用。他认为,退出成本有两种形式,一是自愿使用的退出成本,也就是说社员在加入合作社之前同意支付的某种形式的退社成本,如定金。在西班牙的蒙德拉贡生产合作社,每个社员支出一定量的资本作为入社的条件。① 另一种形式的退出成本是包含着某个特定关系的投资、超过正常水平的收入或为寻找新的工作而承担的求职成本。不过,除了退出成本之外,麦克洛伊德还展示了另外一些重要的条件,一是"公共知识假设",二是"规模假设"。第一个假设是说,一个默契要可自我执行,其均衡策略必须是来自于一系列社会可以接受的行为规范之中。偷懒发生以后,合作社的社员必须能合作性地执行惩罚策略。如果在有偷懒发生时社员并不清楚如何对付这种行为,那么一个有效的结果往往难以实现。而对于中国在 20 世纪 50 年代后期的强制合作化运动来说,不大可能创造一个氛围使每个人都清楚如何来发现、学习和贯彻执行保障效率的方式。

第二个假设是说,惩罚策略的实施必须以察觉到有人偷懒为前提,也就是要易于观察到总产出的下降。然而,如果合作社的规模过大,后者就变得十分困难。因此,大规模的

① 也许婚姻契约是另一个有关的例子,离婚的高额成本常常会促使夫妻双方的行为更加合作。

合作社往往难以实现有效率的生产。麦克洛伊德认为,1959—1961年在中国组建的合作社的规模很难满足这一条件。这意味着,强制的合作化运动和大规模的合作组织的最终失败似乎是不可避免的。

麦克洛伊德(Macleod,1993)对合作社自愿使用或自愿承担的退出成本给予了特别的关注。他认为,对于中国在20世纪50年代的合作化运动而言,我们需要谨慎区分退出的成本与合作社的非自愿性质。在很多情况下,人们接受并愿意承担退出成本,因为退出成本的存在创造了一个更加有效率的生产关系,例如,在投保人的房屋被大火烧毁之后,保险公司在支付保险金之前是不会中止与这位客户的关系的;同样,一个熟练工人要决定离开一家他长期工作的单位时愿意偿还培训费之类的成本。所以,对于能够维持一个有效率的合作关系来说,退出成本往往不仅是必要的,甚至也会是自愿的。从这个意义上说,麦克洛伊德也认为,中国1952—1958年合作社的成功经历与当时合作社的自愿性相关。

所以,麦克洛伊德认为,应该从合作社的性质上来把握社员的退社权问题。如果合作社是自愿组织起来的,那么这意味着社员加入合作社的前提是,选择合作社比单干能获得更大的利益。这时候,合作社将采纳那些保证一个有效的、可自我执行的默契的条件和规则,对社员施加某种形式的退出成本便是其中之一。退出成本对于合作社的有效发展是必要的,这就是说,为了确保合作社与社员之间的努力默契可自我执行,社员愿意承担这种退出成本。但社员仍有退出权。按照麦克洛伊德(Macleod,1993)的观点,只有当合作社是强制组成的时候,合作社社员的权利才会在实际上被剥夺掉,所以当林以社员的退社权被剥夺为由来解释整个合作博弈的崩溃时,实际上是在用合作社的非自愿性来解释合作社的失败。可能正因为林的论文(Lin,1990)把合作社的非自愿性与麦克洛伊德的退出成本概念混为一谈了,所以招致了董和道的批评。

但是,在《退出成本在合作团队理论中的作用》一文中,波特曼和斯克尔曼(Putterman and Skillman,1993)认为,麦克洛伊德的理论(Macleod,1988)与林的假说(Lin,1990)可能并不完全冲突,甚至只是一个更一般理论的两个特例。看起来,麦克洛伊德认为,合作社成功的条件之一是退出成本的存在,而林的假说意味着有效的合作依赖于社员有退社的自由和权力。波特曼和斯克尔曼提出下列说法:

> 存在着这样一个可能性,两种有冲突的解释只是代表了有关退出在生产合作社中的对策性后果的一个更广泛的逻辑。麦克洛伊德认识到,退出所起的作用等于回到努力的纳什均衡水平……但他似乎没有考虑到这样一个可能性,即退出的威胁可能对偷懒行为构成一个更大的威慑作用。

与此相反，林似乎没有意识到麦克洛伊德所揭示的可能性，即在一个封闭的合作社里，内部的惩罚威胁在抑制非效率结果方面至少同样有效（Putterman and Skillman，1993）。

波特曼和斯克尔曼为了将麦克洛伊德和林的假说统一起来，他们利用了阿布鲁在研究无限重复博弈理论中所构造的一些方法（Abreu，1988）。

模型设定

首先，他们构造了一个一次性非合作博弈模型，然后将此模型扩展到重复博弈的情况。对于一次性非合作博弈的模型，我们在前面曾多次做过介绍。这里让我们复述作者自己的模型。

假定合作社的生产函数为：

$$x=f(e) \tag{7—14}$$

这里 e 为努力向量，即 $e=(e_1,e_2,\cdots,e_n)$，每个社员的努力水平为 $e_i\geqslant 0$，$i=1,\cdots,n$。n 为社员人数。另外，令 $e_{-i}=(e_1,e_2,\cdots,e_{i-1},e_{i+1},\cdots,e_n)$代表除了 i 以外的其他社员的努力向量。一个社员以所追求的效用函数写成：

$$U^i(y_i,e_i)=y_i-v^i(e_i) \tag{7—15}$$

与以前一样，y_i 为收入水平，$v^i(e_i)$为劳动的负效用，在这里先假定所有社员的偏好是一致的，即对所有的 i，有 $v^i\equiv v$。

只要每个社员的努力是不可观测的，那么其收入只能仅仅取决于合作社的总产出。我们考虑下列平均主义的收入分配关系：

$$y_i = x/n \qquad (7-16)$$

与前面董和道的模型类似，为了分析重复博弈的情况，这里我们从一次性博弈模型中导出一些有意义的结论来，它们可以为重复博弈的分析作参考。

对合作社来说，帕累托最优的努力向量 e^* 可以从下列目标函数的最大化中解出：

$$\max_e f(e) - \sum_i v^i e_i \qquad (7-17)$$

上式的一阶条件为：

$$f_i(e^*) = v^i(e_i^*) \qquad (i=1,2,\cdots,n) \qquad (7-18)$$

现在令 e^N 为纳什均衡水平的努力向量，那么对每个社员来说，e^N 可以从下列目标函数的最大化中解出：

$$\max_{e_i} \frac{f(e_i, e_{-i}^N)}{n} - v(e_i) \qquad (7-19)$$

因此，我们有：

$$\frac{f_i(e^N)}{n} = v^1(e_i^N) \qquad (7-20)$$

在一次性博弈中，帕累托最优的产出是不可得的，因为每个社员都有偷懒的动机。令 $\hat{e}^i$ 为社员 i 偏离集体最优向量的努力水平，这里，

$$\hat{e}^i = \arg\max_{e_i} \frac{f(e_i, e_{-i}^*)}{n} - v(e_i) \qquad (7\text{—}21)$$

满足：

$$\frac{f_i(\hat{e}^i, e_{-i}^*)}{n} = v^1(\hat{e}^i) \qquad (7\text{—}22)$$

如果再令 $\hat{U}^i$ 为相应的效用水平，那么很显然，$e_i^N < \hat{e}_i < e_i^*$，$U_N^i < U_*^i < \hat{U}_i$。

最后，再假定 $e_i^s(< e_i^N)$ 为社员偷懒的努力水平，其偷懒的效用为：

$$U_s^i = \frac{f(e^s)}{n} - v(e_i^s) \qquad (7\text{—}23)$$

当然，$U_s^i = U_N^i$。相应地，定义社员 i 的最小最大的努力水平 e_i^m 为对其他人偷懒的最优反应，也就是：

$$e_i^m = \arg\max \frac{f(e_i, e_{-i}^s)}{n} - v(e_i) \qquad (7\text{—}24)$$

并令

$$U_m^i = \frac{f(e_i^m, e_{-i}^s)}{n} - v(e_i^m) \qquad (7\text{—}25)$$

显然，$U_m^i \geqslant U_s^i$。

不可退出的重复博弈

假定生产关系是可重复的。令 $t = 0, 1, 2, \cdots$ 为博弈的时间阶段，并假设在每个子博弈上社员 i 的收益为其效用的贴

现值，即

$$V^i = \sum_{t=0}^{\infty} \delta_i^t U^i(y_{it}, e_{it}) \qquad (7-26)$$

其中，δ_i 是个人的时间贴现因子，(y_{it}, e_{it})是 i 的收入和努力水平，与前面一样，我们仍然假定：

$$y_{it} = \frac{X_t}{n} \qquad (7-27)$$

X_t 为合作社在时间 t 的产出水平。

接下来的任务就是研究在博弈的每个阶段上达到帕累托最优结果的可能性。对重复博弈来说，也就是研究子博弈完美均衡的问题。如果按照麦克洛伊德的方法（Macleod，1988），那么每个社员在每个阶段上都选择最优的努力水平 e_i^*，直到有人偷懒被发现，从此之后，每个社员选择纳什均衡水平的努力 e^N。社员选择 e^N 的威胁是可信的，因为这个均衡是一次性的博弈的均衡。但是，正如我们在前述的那样，社员选择 e^N 的威胁，或者报复性策略的有效性是很值得怀疑的，因为它可能代表一个非常不好的结果。阿布鲁（Abreu，1988）发展了一个思想，试图找出一个更有效的反击策略。阿布鲁的策略被称为“最优的惩罚准则”（Optimal Penal Codes），这个准则实际上是一个“胡萝卜加大棒”的结构。只要所有的社员在上一期努力工作，那么，

$$Q^0 = \{(e^*), (e^*), (e^*), \cdots\} \qquad (7-28)$$

只要有人在时间 t 偷懒，即 $X^t < X^*$，社员最优的回应就变

成：

$$Q^1=\{(e^s),(e^s),(e^s),\cdots,(e^s),(e^s),(e^s),\cdots\} \quad (7-29)$$

这就是说，所有的社员都在发现有人偷懒之后的一段时间内选择(e_i^s)，然后再选择最优的努力水平 e^*。但假如从 Q^1 开始又有人偷懒，那么这个过程重新开始。阿布鲁(Abreu，1988)曾证明，这个惩罚方式是满足子博弈完善均衡的条件，这里我们不再复述①。

可退出的重复博弈

现在假设社员拥有退出合作社的权力并假定社员在合作社以外劳动可以获得的预期效用为 $\overline{U}^i$。这里结合麦克洛伊德(Macleod，1988)和林(Lin，1990)的论点，可以讨论两种情况。

第一种情况是，偷懒的社员退出合作社是作为逃避其他社员对自己的惩罚，这种情况是麦克洛伊德(Macleod，1988)所讨论的情况。第二种情况是，相互的退出是对偷懒社员的一种惩罚。这是林(Lin，1990)的假说的主要论点。我们先

① 可以证明，只要 $\frac{U_*}{1-\delta}\geqslant\hat{U}+\frac{\delta}{1-\delta}U_p$，其中 $U_p=(1-S^T)U_s+S^TU_*$，那么一次性的偷懒不可能是有利可图的。这意味着，只要 $\delta\geqslant\frac{\hat{U}-U_*}{\hat{U}-U_p}$，惩罚策略将引导合作。参见波特曼和斯克尔曼(Putterman and Skillman，1993)。

来讨论第一种情况,然后再讨论第二种情况。

退出与逃避惩罚

退出权的引入所可能产生的效应取决于社员在合作社之外的预期效用水平,或者说,取决于社员在合作社之外获得的预期效用是否大于社员对偷懒的最大反映的效用水平。如果前者大于后者,那么引入退出权将降低合作的可能性。事实上,纳切巴尔(Nachbar,1991)研究了这一问题,他给出的命题是:

> 令 δ^{nw} 为社员不可退出条件下支持最优产出水平的最小贴现因子;令 δ^{w} 为社员可退出条件下支持最优产出水平的最小贴现因子,如果 $\overline{U}>U_m$,且
>
> $$\frac{\overline{U}-U_m}{U_*-U_s}>\frac{U_*-\overline{U}}{\hat{U}-\overline{U}} \qquad (7-30)$$
>
> 那么,$\delta^{w}>\delta^{nw}$。也就是说,只要退出是不可能的,那么用来支持合作结果的最小贴现因子比退出是可能的条件下的最小贴现因子来得小。[①] 这意味着,在退出是不可能的条件下,合作更为可能。

总之,这个命题意味着,林的论点不可能是一个一般的

① 转引自波特曼和斯克尔曼(Putterman and Skillman,1993)。

命题，从而对林的论点的一般化提出了挑战。

退出与惩罚

如果其他社员的退出起到对偷懒者的有效惩罚的话，那么退出一定是一个不太好的选择，是一个纳什均衡。要使相互的退出成为一个纳什均衡，其条件应该是，对所有的 i，有：

$$\overline{U}^i \geqslant \max_{e_i} f(e_i, e^0_{-i}) - v(e_i) \quad (7-31)$$

这里 e^0_{-i} 是一个$(1\times n-1)$的零向量，就是说，当所有人都退出了，没有人愿意继续从事生产。如果 $\overline{U}^i$ 是基于自我自给的生产，那么(7—31)式意味着合作社必然要具有显著的规模经济。波特曼和斯克尔曼(Putterman and Skillman，1993)给出了一个命题：

> 如果(7—31)式成立，并且 $\overline{U}^i < U^i_m$，那么 $\delta^w_i < \delta^{nw}_i$。也就是说，用来支持合作结果的贴现因子在可以退出时比在不可退出时来得小，从而合作在社员可以退出时更有可能。

显然，这个命题将林(Lin，1990)的假说进一步精确化了并给出了林所隐含的条件。更重要的是，波特曼和斯克尔曼把麦克洛伊德和林看上去完全对立的观点调和了，并建立了一个将两种情况都纳入其中的理论框架。

7.4 小 结

正如波特曼和斯克尔曼(Putterman and Skillman,1992)指出的那样,麦克洛伊德和林各自的假说都是可能的。这意味着林和麦克洛伊德所研究的是两个类型的"社员"。事实上,在林对董和道(Dong and Dow,1993)以及麦克洛伊德(Macleod,1998,1993)等学者的批评所做出的回答中,林似乎对自己假说的适用范围有了更清楚的界定,并明确地将这两种类型的社员作了区别(Lin,1993)。他写道:

> 在对农业合作化运动的研究中,两种类型的社员值得格外的关注。一种类型的社员具有偷懒然后退出合作社的动机,结果,一个社会最优的合作社不可能维持下去。这一类社员的存在是在麦克洛伊德的理论模型里讨论的(Macleod,1984,1988)。如果对一个社员 i 来说,因偷懒而获得的一次性效用 U_i^s 大于合作社的最优效用水平 U_i^c,而后者又大于单干的效用水平 U_i^p,并且 U_i^p 大于静态的不合作均衡水平 U_i^N,那么,在一个有关他的时间偏好的假定条件下,社员 i 就会具有偷懒然后退社动机。在这种情况下,合作要成为可能,就需要引入一种制度,强加一些退出成本,如采用

入社定金来降低 i 类社员从退出合作社中可获得的效用。

林的假说中讨论的第二类社员则具有偷懒但仍留在合作社的动机。对于某些社员 j，当 $U_i^N > U_j^c > U_j^p$ 时，社会出现这种情况。……如果 j 类社员对闲暇有过强的偏好，这个条件就可能成立。结果，j 类社员具有偷懒但并不离社的动机。在这一条件下，如果认真劳动的社员退出合作社的权利被剥夺了，其结果将是一个非合作均衡。但是，如果认真劳动的社员拥有退出权，他们可以决定是继续留在合作社并容忍一些社员继续偷懒，还是回到单干，只要他的发现由 j 类社员的偷懒招致的损失大于团队生产的收益，所有认真劳动的社员都将退社，合作社就会瓦解。合作社崩溃的可能性将迫使潜在的偷懒者去重新考虑其选择：在这一轮偷懒，潜在偷懒者获得 $U_j^s - U_j^c$ 的利益，但他将丧失 $U_i^c - U_i^p$ 的将来的利益。只要未来损失的贴现值大于这一轮的一次性收益，社员 j 就会采取合作行为。……所以，退社权的存在对于合作社的成功是至关重要的。

对中国 20 世纪 50 年代农业合作化运动和 1959—1961 年农业危机的理论讨论取得了显著的进步，使我们对麦克洛伊德（Macleod，1988）的合作理论和林的假说（Lin，1990）的合理性有了更深入和更清醒的认识。当然，这些讨论还远远没有穷尽经济学家对合作经济组织理论的争论与对问题的看法。但正如麦克洛伊德（Macleod，1993）本人指出的那样，这次讨论为合作经济组织的理论研究，特别是在运用博弈论的方法方面提供了有价值的见解。这次讨论也在一些重要问题上反映了现有理论的初步性。

这场争论还会继续下去，这是因为人们对“可自我执行的协议”理论的研究仍在继续。关于可自我执行的协议的博弈理论方面还有大量的理论问题需要探索，特别是对于重复博弈来说，由于它有许多个均衡，所以即使两个合作社具有相同的技术条件、规模和制度安排，也会有不同的生产力水平。从这个意义上说，研究惩罚策略的可信性以及与之相关的监督问题，退出成本问题和预期问题等必将成为研究可自我执行的协议理论的重要内容。毫无疑问，这方面的工作还很艰难，这可以从伯金与麦克洛伊德发表的论文《重复博弈中的效率与再改进》中略见一斑（Bergin and Macleod，1993）。在某种程度上，这篇论文代表了可自我执行的协议的博弈理论在未来的发展走向。一般而言，在一个重复博弈中，“子博弈完美均衡”被认为是可自我执行的协议的一个必要条件。可是这样的均衡有许许多多，特别是像我们前面提到的那样，如果全体当事人不能找到一个更佳的结果，一个子博弈完美均衡是不可再改进的。不然的话，当事人可通过再改进总会力求达到一个自始至终对双方都满意的结果。但是问题在于，一旦当事人能够通过协商来避开更坏情况的出现，也就是说，一旦再改进能够发生，那么惩罚策略的可信性就会下降。因此，违约者就可能有更强的理由与动机再去违约，以至于更佳的结果根本不可维持。这里似乎出现了悖论：为达到一个更好的结果而进行的再改进恰恰要求那个不太好的结果是不可再改进的！效率与自我履约之间的这个矛盾在一些文献里被称为“再改进问题”。伯金和麦克洛伊德的结论认为，目前尚无法在一般意义上解决这个冲突，在多种情况下，可自我执行协议的均衡是非常脆弱的，极易导致不断的违约和不再改进。

参考文献

A. Alchian and H. Demsetz(1972), Production, Information Costs and Economic Organization[J]. *American Economic Review*, 62: 777—795.

A. Blinder(2011), *Paying for Productivity: A Look at the Evidence*, Washington, D. C.: The Brookings Institute.

A. Greif(1989), Reputation and Coalitions in Medieval Trade: Maghribi Traders, *Journal of Economic History*, 59: 857—882.

A. Greif, P. Milgrom, and B. Weingast, 1990, The Merchant Guild as a Nexus of Contracts, *mimeo*, Stanford University.

A. Hirschman(1970), *Exit, Voice and Loyalty*, Cambridge, MA: Harvard University Press.

A. Rubinstein(1977), Equilibrium in Supergames, Research Memorandum, 25, *Center for Research in Mathematical Economics and Game Theory*, Hebrew University, Jerusalem.

——(1979a), Equilibrium in Supergames with the Overtaking Criterion, *Journal of Economic Theory*, 21: 1—9.

——(1979b), Offenses That May Have Been Committed by Accidentan Optional Policy of Retribation, in S. Brams, A. Schotter, and G. Schwodiauer eds., *Applied Game Theory*, Wurzburg: Physica-Uerlag.

A. Rubinstein and M. Yaari(1983), Repeated Insurance Contracts and Moral Hazard, *Journal of Economic Theory*, 30: 74—97.

A. Sen(1966), Labor Allocation in a Cooperative Enterprise, *Review of Economic Studies*, 33: 361—371.

B. Holmstrom(1982), Moral Hazard in Teams, *Bell Journal of Economics*, 13: 324—340.

B. Klein and K. Leffler(1981), The Role of Market Forces in Assuring Contractual Performance, *Journal of Political Economy*, 89: 615—632.

B. Ward(1958), The Firm in Illyria: Market Syndicalism, *American Economic Review*, 48: 566—589.

C. Maurice and C. Ferguson(1972), Factor Usage by a Labour-Managed Firm in a Socialist Economy, *Economica*, 39: 18—31.

C. Shapiro(1983), Premiums for High Quality Products as Rents to Reputations, *Quarterly Journal of Economics*, 98: 659—679.

D. Abreu(1986), External Equilibria of Oligopolistic Supergames, *Journal of Economic Theory*, 39:191—225.

——(1988), On the Theory of Infinitely Repeated Games with Discounting, *Econometrica*, 56: 383—396.

D. Abreu, D. Pearce, and E. Stacchetti(1986), Optional Cartel Equilibria with Imperfect Monitoring, *Journal of Economic Theory*, 39: 251—

269.

D. Becker and G. Stigler(1974), Law Enforcement, Malfeasance and Compensation of Enforcers, *Journal of Legal Studies*, 3:1—18.

D. Chinn(1979), Team Cohesion and Collective-Labor Supply in Chinese Agriculture, *Journal of Comparative Economics*, 3: 375—394.

D. Fudenberg, D. Levine, and E. Maskin(1989), The Folk Theorem with Imperfect Public Information, *mimeo*, MIT and UCLA.

D. Fudenberg and E. Maskin(1986), The Folk Theorem in Repeated Games with Discounting or with Imcomplete Information, *Econometrica*, 54: 533—556.

D. Fudenberg and J. Tirole(1991), *Game Theory*, The MIT Press.

D. Kreps(1987), Corporate Culture and Economic Theory, *mimeo*.

D. Kreps, P. Milgrom and R. Wilson(1982), Rational Cooperation in the Finitely Repeated Prisoner's Dilemma, *Journal of Economic Theory*, 27, 2:245—252.

D. Kreps and W. Robert(1982), Reputation and Imperfect Information, *Journal of Economic Theory*, 27: 253—279.

E. Domar(1966), The Soviet Collective Farm as a Producer Cooperative, *American Economic Review*, 56: 734—757.

E. Green and R. Porter(1984), Noncooperative Collusion under Imperfect Price Information, *Econometrica*, 52:87—100.

E. Lazear(1979), Why Is There Mandatory Retirement?, *Journal of Political Economy*, 87: 1261—1284.

E. Lazear and S. Rosen(1981), Rank Order Tournaments as Optional

Salary Schemes,*Journal of Political Economy*,841—864.

H. Carmichael(1989),Self-Enoforcing Contracts,Shirking,and Life Cycle Incentives,*Journal of Economic Perspectives*,3,4:65—83.

J. Benoit and U. Krishna(1985),Finitely Repeated Games,*Econometrica*,53: 905—922.

J. Bonin(1977),Work Incentives and Uncertainty on a Collective Farm,*Journal of Comparative Economics*,1: 77—97.

J. Bonin and L. Putterman(1986),Economics of Cooperation and the Labour-managed Economy,*Working Paper*,86—94,Brown University.

J. Cremer(1986),Cooperation in Ongoing Organizations,*Quarterly Journal of Economics*,101: 33—49.

J. Friedman(1971),A Noncooperative Equilibrium for Supergame, *Review of Economic Studies*,38:1—12.

——(1977),*Oligopoly and the Theory of Games*,Amsterdam and New York: North-Holland Publisher.

——(1985),Cooperative Equilibria in Finite Noncooperative Supergames,*Journal of Economic Theory*,35: 390—398.

J. Guttman(1987),A Non-Cournot Model of Voluntary Collective Action,*Economica*,54,1:1—19.

——(1991),Rational Actors,Tit-for-Tat Types and the Evolution of Cooperation,*Working Paper Bar-Ilan University*.

——(1992),The Gredibility Game: Reputation and Rational Cooperation in a Changing Population,*Journal of Comparative Economics*,16: 619—632.

J. Guttman and A. Schnytzer(1989), Strategic Work Interactions and the Kibbutz-Kolkhoz Paradox, *Economic Journal*, 99: 686—699.

J. Harsanyi(1967), Games with Incomplete Information Played by Bayesian Players Parts Ⅰ、Ⅱ and Ⅲ, *Management Science*, 14: 159—182, 320—334, 486—502.

J. Laffont(1992), *Advances in Economic Theory Sixth World Congress*, vol. 1, Cambridge, University Press.

J. Lin(1988), The Household Responsibility System in China's Agricultural Reform: A Theoretical and Empirical Study, *Economic Development and Cultural Change*.

——(1990), Collectivization and China's Agricultural Crisis in 1959—1961, *Journal of Political Economy*, 98, 6: 1 228—1 252.

——(1993), Exit Rights, Exit Costs, and Shirking in Agricultural Cooperatives: A Reply, *Journal of Comparative Economics*, 17: 504—520.

J. Meade(1972), The Theory of Labour-Managed Firms and of Profit Sharing, *Economic Journal*, 3: 402—428.

J. Nash(1950), Equilibrium Points in N-person Games, *Proceedings of the National Academy of Sciences*, U. S. A., 36: 48—49.

L. Davis and D. North(1971), *Institutional Change and American Economic Growth*, Cambridge University Press.

L. Hannah(1983), *The Rise of the Corporate Economy*, Methuen, London and New York.

L. Israelsen(1980), Collectives, Communes and Incentives, *Journal of Comparative Economics*, 4: 99—124.

L. Putterman (1980), Voluntary Collectivization: A Model of Producers' Institution Choice, *Journal of Comparative Economics*, 4: 125—157.

L. Putterman and G. Skillman(1993), The Role of Exit Costs in the Theory of Cooperative Teams", *Journal of Comparative Economics*, 17: 596—618.

L. Telser(1980), A Theory of Self-Enforcing Agreements, *Journal of Business*, 53, 1: 27—44.

M. Bradley(1971), Incentives and Labour Supply on Soviet Collective Farms, *Canadian Journal of Economics*, 4: 342—352.

M. Kandori(1989a), Repeated Games Played by Overlapping Generations of Players, *mimeo*, University of Pennsylvania.

——(1989b), Social Norms and Community Enforcement, *CARESS Working Paper*, 89—114, University of Pennsylvania.

M. Liu(1993), Exit Right, Retaliatory Shirking, and the Agricultural Crisis in China, *Journal of Comparative Economics*, 17: 540—559.

M. Okuno-Fujiwara and A. Postlewaite(1989), Social Norms and Random Metching Games, *mimeo*, University of Pennsylvania.

M. Richetts(1987), *The New Industrial Economics*, S. T. Martin Press.

M. Taylor(1987), *The Possibility of Cooperation*, Cambridge University Press.

N. Cameron(1973), Incentives and Labor Supply in Cooperative Enterprise, *Canadian Journal of Economics*, 6: 16—23.

O. Williamson(1975), *Markets and Hierarchies*, London and New York: The Free Press.

P. Milgrom, D. North, and B. Weingast(1990), The Role of Institutions in the Revival of Trade: The Law Merchant, Private Judges, and the Champagne Fairs, *Economics and Politics*, 2:1—24.

R. Aumann and L. Shapley(1976), Long-term Competition: A Game-Theoretic Analysis, *mimeo*.

R. Ekelund and R. Tollison(1980), Mercantilist Origions of the Corporation, *Bell Journal of Economics*, 11.

R. Howard(1960), *Dynanic Programming and Market Processes*, New York: MIT and John Wiley.

R. Porter(1983), Optional Cartel Trigger Price Strategies, *Journal of Economic Theory*, 29: 313—338.

R. Radner(1981), Monitoring Cooperative Agreements in a Repeated Principal-Agent Relationship, *Econometrica*, 49:1127—1148.

R. Schmalensee and R. Willig(1989), *Handbook of Industrial Organization*, vol. 1, Elservier Science Publishers.

R. Selten(1965), Spieltheorietisch Behandlung eines Oligopolmode-lls mit Nachfagetragheit, *Zeitschrift fur die gesamte Staatswissenschaft*, 12: 301—304.

S. Estrin, D. Jones and J. Svejnar(1987), The Productivity Effects of Worker Participation: Producer Cooperatives in Western Economies, *Journal of Comparative Economics*, 11: 40—61.

T. Schelling(1960), *The Strategy of Conftlict*, Harvard University

Press.

U. Lambson(1987), Optimal Penal Codes in Price-Setting Superg-ames with Capacity Constraints, *Review of Economic Studies*, 54: 385—398.

W. Macleod(1988), Equity, Efficiency, and Incentives in Cooperative Teams, *in Advances in the Economic Analysis of Participatory and Labour Managed Firms*, 3: 5—23.

——(1993), The Role of Exit Costs in the Theory of Cooperative Teams: A Theoretical Perspective, *Journal of Comparative Economics*, 17:521—529.

W. Macleod and J. Malcolmson(1987), Inroluntary Unemployment in Dynamic Contract Equilibria, *European Economic Review*, 31:427—435.

W. Oi and E. Clayton(1968), A Peasant View of a Soviet Collective Farm, *American Economic Review*, 58: 37—59.

X. Dong and G. Dow(1993), Does Free Exit Reduce Shirking in Production Team?, *Journal of Comparative Economics*, 17: 472—484.

张军:《现代产权经济学》,上海三联书店 1991 年版。

张军:《经济、社会与文化:张军经济随笔集》,复旦大学出版社 1998 年版。

张维迎:《博弈论与信息经济学》,上海三联书店和上海人民出版社 1996 年版。

邹至庄:《中国经济》,南开大学出版社 1984 年版。

张军:《中国经济改革的回顾与分析》,山西经济出版社 1998 年版。